古典·哲学时代

诸子概论

李源澄 / 著　马东峰 / 主编

北京理工大学出版社
BEIJING INSTITUTE OF TECHNOLOGY PRESS

序　一

《庄子·天下篇》论古之治方术者，自墨翟、禽滑釐以下，凡十余家，其原皆本六经，内圣外王之道郁而不明，深悲夫百家之往而不返者，必不合矣。异代之后，道、法、儒、墨、形名、阴阳之言并存于世，而学者言六艺，必折衷于夫子。盖汉之兴也以纵横，其嗣尚黄老，又其嗣尚形名、法术，其端屡更，弊亦相代。盖不待仲舒发策，而上下亦渐厌之矣。说者以武帝罢除百家，尊宠六经，为涂民耳目、锢蔽心智，与嬴秦异术同工。然则内极声色，外逐利欲，任桑、孔以搜粟算缗者，何尝出于六经乎？是知伪经术不足以诋诃真诸子也。

嗣是以来，学者盘旋胶绕于六艺，目不睹先圣之原，而妄托于经以自侈。外无键而不闭，中无主而不留。于是方士乘之，则见袭于数术；佛氏乘之，则托援于道学。揉杂班驳，儒术遂为世诟病，而六经且束高阁。远洋神怪力乱之说，方将迎尘而尸祝之。怀宝迷邦，沿门托钵，可不悲哉！向使后世学者知百家之说原不异于六经，藉其同者以相和，异者以相攻，合异以为同，散同以为异，则六经之光芒，以磨淬而愈耀，而诸子百家之学，亦灿烂迭兴。各有所明，皆可为用，是时为帝者也，何可胜言。

李君源澄，为吾蜀廖大经师入室弟子，明于六经故训，时从余论难百家语，更以其得于六经者，通诸子，寻源导窍，批亢捣虚，虽古之治方术者不能过也。李君方继此而有进，未敢画，爰书数语贻之。

伍非百

序　二

始，余识李君源澄于蜀。君游吾友盐亭蒙文通尔达之门，请益于井研廖先生，以是通六经故训，深于礼，文通时时为余称道之。其后余与文通主讲大梁，君亦来止。同舍淳安邵次公瑞彭，精畴人之术，君又从肄业。既二年，渡江，谒宜黄欧阳先生，受诵内典。余每归省，君必来吾家，相与上下议论，未尝不惊服其博洽，愧余终无以益君也。

君论诸子书，钩玄提要，一归之经。余曰：昔昌黎韩氏，以辩生于末学，非师道之本，谓“孔墨必相用”。“相用”云者，犹孟子“归斯受之”之说。君辨百家异同，以明相用之需，斯可谓得间者矣。微君之博，莫能约，故言之碻也。君既列为八篇，将以传布，乞余序。因书夙所语君者于耑，并著其治学渊源，以告世之读君书者。

金陵卢前

目　录

孔　子

孔子之道，不可以方体论，强为之容曰大。老子曰："道大，天大，地大，王亦大。"故必德配天地，而后以大称之。孔子曰："大哉尧之为君。惟天为大，惟尧则之，荡荡乎，民无能名焉。"达巷党人之称孔子，亦曰："大哉孔子，博学而无所成名。"道无不在，故不可名。孔子曰："君子不器。"惟所用之无不宜之谓也。颜渊赞孔子曰："仰之弥高，钻之弥坚，瞻之在前，忽焉在后。"子思作《中庸》以昭明祖德，其言曰："仲尼祖述尧、舜，宪章文、武，上律天时，下袭水土。譬如天地之无不持载，无不覆帱。辟如四时之错行，如日月之代明。万物并育而不相害，道并行而不相背。小德川流，大德敦化。此天地之所以为大也。"胥以喻其广大不测者焉。宰我曰："以予观于夫子，贤于尧、舜远矣。"子贡、有若并曰："自生民以来，未有夫子也。"岂阿其所好者哉？孔子德配天地，故不可得而名。

虽然，天地之运转密移，人固莫得而觉也。若其四时消息，风雷雨露，未尝不可以见其迹象，孔子之道亦犹是尔。由尧、舜至于周初，制度文物，由质而文，可少概见，至于学术思想，初无大变。孔子当邪说横行之时，故直指本心，以救其失，于是伦理道德，终古不灭。古者学在官府，职有司存，厉王板荡，纲纪大乱，畴人子弟分散，故礼坏乐崩，史文放佚。孔子修撰六艺，私人授徒，于是齐民可得而学。孔子虽述而不作，中国文化则实自孔子开之。

孔子于旧教之新解

儒家者流，出于司徒之官。司徒之教，故书所记，始于唐虞。《尧典》命官，使契为司徒，敬敷五教。夫人伦者，自然之伦序。既曰“自然之伦序”，复何俟于教乎？儒者明之曰：“以先知觉后知，以先觉觉后觉也。”曰“觉”云者，非自外而加之，引发之谓耳。孟子曰：“舜居深山之中，与木石居，与鹿豕游，其所以异于深山之野人者几希！及其闻一善言，见一善行，若决江河，沛然莫之能御。”又曰：“大舜有大焉，善与人同，乐取于人以为善。自耕稼陶渔以至为帝，无非取于人者。取诸人以为善，又与人为善者也。”又曰：“舜为法于天下，可传于后世。”是孟子之意，以中国伦理之教，起于虞舜。

孟子是性善论者，欲说明伦理起源，不得不有人昌之，而又不能与仁义礼智非由外铄之旨相背。闻一善言，见一善行，若决江河，沛然莫之能御，所谓“取人为善”也。取人之善，而固执之，复以为法于天下，所谓“取诸人以为善，又与人为善者”也。使此言出自荀子之口，则直曰“礼义生于圣人之伪，非故生于人之性也，何用此哉”？古之圣人以神道设教，故一切道德伦理根据，皆在于天，天讨天秩之类，难以殚举。春秋以来，民智渐开，而旧日所以维持世道人心者，遂不为人所信任。庄子称引老子之言曰：“仁义，人之性与？”即其言不必出于老子，亦可以略窥其时之思想。

孔子欲维持奕世相传之伦理，不得不更为之说明，于是昔日之根据于天者，今更反求于本心。其答宰予问三年之丧，则曰：“食夫稻，衣夫锦，于汝安乎？”其解骖以赙旧馆人，则曰：“遇于一哀而出涕，予恶夫涕之无从也。”悉以心安为归。而礼义法度，胥由中出，匪自外作，当世之疑，无足以诘难之也。此义至孟子而益明。

故伦理之教，经孔、孟之阐发，根于人心，历万古而不磨。国之为国，人之为人，尽被其赐。使伦理之教传于天下者，舜也；而发扬光大之者，孔子也。先圣后圣，其揆则一。

孔子前后德目之同异

孔子以前，道德之目皆就事立名，故无一贯之道。《尧典》之言五教，《皋陶谟》之言九德，《洪范》之言三德，皆是此类。自孔子明心，则德有万殊，于心则一。今综合四子书中所言德目，以明其效。

凡言仁者，就其发心言也。所谓圣者，则仁之极致，而仁未足以尽之。故曰："何事于仁，必也圣乎。""学不厌，智也；教不倦，仁也。仁且智，夫子既圣矣。"以生生不已之心为仁，此仁之大名也。中心恻隐爱人亦为仁，此对智勇诸德而言，仁之细名也。有爱人之心，不可不有济人之术；有济人之术，不可不有自强不息之力；此所谓仁智勇也。故《论语》或独言仁，或兼言仁智、仁勇，而仁实为之源。

《中庸》则承继孔子，而标智、仁、勇三者以为大德之目。《孟子》书中，或言仁义，或言仁义礼智，或言仁礼智乐，名虽有异，义则相通。孟子曰："仁之实，事亲是也；义之实，从兄是也；智之实，知斯二者弗去是也；礼之实，节文斯二者是也；乐之实，乐斯二者。”又曰：“恻隐之心，仁之端也；羞恶之心，义之端也；辞让之心，礼之端也；是非之心，智之端也。”实则仁义礼智，犹仁义也。礼者，仁之用；义者，智之藏。郊社之礼，所以仁鬼神；禘尝之礼，所以仁昭穆；是礼即仁之用也。是非之心，智之端，义者宜也。先有是非之心，而后事得其宜，是义为智之藏也。孔子曰：“仁者必有勇。”老子曰：“夫慈故能勇。”《韩非·解老》曰：“仁者，谓中心欣然爱人也。其喜人之有福，而恶人之有祸也，生心之所不能已也。”是勇亦出于仁心。《论语》曰：“见义不为，无勇也。”《中庸》曰：“知耻近乎勇。”孟子曰：“羞恶之心，义之端也。”是勇又出于义也。然则勇有二端：一发于不忍之心，一发于羞恶之心。发于不忍，则勇于为善；发于羞恶，则勇于改过。羞恶之心，与不忍之心，皆就心之发于事而异名，其实一心也。谢上蔡有羞容，程明道谓此即恻隐之心，即此意。“如好好色，如恶恶臭。”此勇之二端也。孟子曰：“乐之实，乐斯二者，乐则生也。生则乌可以已，乌可已则不知足之蹈之，手之舞之。”是乐即勇之异名。

故凡此数端，皆可以一仁贯之，是又与古之就事立名者异其旨趣。

本　仁

孔子与前世道术之同异，既大略明白，今再言孔学之大凡。孔子之学，以仁为本，以位为依，以中为极。今先言仁。樊迟问仁，子曰："爱人。"孟子曰："恻隐之心，仁之端也。"恻隐之心，生于不忍。孟子曰："人皆有所不忍，达之于其所忍，仁也。"不忍牛之觳觫，而曰以羊易之；不忍孺子之将入于井，而起恻隐之心。见牛之时，不知有羊，不知大小；见孺子将入井之时，非欲要誉，非欲纳交，惟是此恻隐之心充塞其间。故《韩非·解老》曰："仁者，生心之所不能已也，非求其报也，故曰上仁为之而无以为也。"宋人即指此时为天理之流行。能充此心，则仁覆天下也。人与牛异类，而孺子与我非亲，吾心犹不忍其死，况于父母兄弟尊者贤者乎哉？礼义由此一念起，人伦由此一念立也。以此存心，则不忍人之心；以此行事，则不忍人之政。故君子无终食之间违仁，造次必于是，颠沛必于是。存之为人，去之为禽兽。道二，仁与不仁而已。以一言曰仁，以二言曰忠恕。此孔子一贯之道也。孔子曰："忠恕违道不远。"道不可言诠，不远即几于道也。以此心事父则孝，以此心事长则弟，以仁心加诸位而异其名。

孟子曰："爱举斯心加诸彼而已矣。"在心曰仁，在事曰中，仁而后有中，复藉中以显仁。两者同出而异名，不可不审。人何以梏亡此心？曰"私"。私者自营，以有我故。孔子曰："毋我。"毋我者，非独无我，亦无人也。无人无我，惟是此心之行乎其所不得不行。所谓无人无我者，非无人我之位，无人我之私而已。于此有二难焉。无私我之心，可以损己以利人乎？曰："损己利人与损人利己，交非中道。"如以吾之金钱而救人之生命，则可；以吾之生命而救人之生命，则不可。何也？彼陷于死，得生幸也，不得生正也。我无死道，以彼而死，在我则不应死而死，在彼则死人以自生，是两伤焉。古之人有行之者，权也，必其有不得不如此而后可也。又曰："然则爱邻人之兄若其兄，可乎？"曰：兄弟之相爱也，非虚加之也，以亲之一体，而生相爱之道。邻人与吾何缘，而生此相爱之心。其爱之也，当有差等。以爱吾兄之心而推及之，则可也。孟子曰："老吾老以及人之老，幼吾幼以及人之幼。"又曰："善推其所为而已。"此儒、墨之辨矣。

依 位

善恶是非之立，胥依于位，无位则善恶是非不可得而言。如有父子之位，于是有孝慈之德；有君臣朋友之位，于是有忠信之德。故位者，分也，人与人间之分界。人与人之间，既有自然之秩序，即有自然之道德。父子、君臣、朋友，皆位也；父慈子孝、君仁臣忠、友信，皆德也。此即所谓中，而其所以孝慈仁忠信者，仁心之发也。故一切道德以是为根本，己位不定，则无人位，混然一物，不可名状也。庄周之破执，即以破位为始。《齐物论》曰："夫道未始有封，言未始有常，为是而有畛也。请言其畛：有左，有右，有伦，有义，有分，有辩，有竞，有争。此之谓八德。"此破诸家之执于一是而云然尔。若夫人己相与之道，故未尝尽毁，曰："惟是不用而寓诸庸。庸也者，用也；用也者，通也；通也者，得也；适得而几也。"而终之曰："庄周梦为胡蝶，则栩栩然胡蝶也；俄然觉，则蘧蘧然周也。周与胡蝶则必有分矣。"为庄周则蘧蘧然，为胡蝶则栩栩然，方其梦也，且各有分，不相杂乱，而况非梦者耶？《大学》曰："在止于至善。为人君止于仁，为人臣止于敬，为人子止于孝，为人父止于慈，与国人交止于信。"至善之德，必缘于位而后起也。

致　中

中者，道德之极致，无过不及之名也。《论语》曰：“允执其中。”《中庸》曰：“执其两端，用其中于民。”所谓中者，至善之称，非折中之中也。唯达节之圣人，然后能之。仁心加于位，而得其至善，即谓中道。故中道者，即仁之致尽。其所以谓之中道者，以其无一定之成名，而应物皆得其宜。守先王之礼法，不失矩度，此所谓守节也。守节而未至于达节，则不能应变。孔子曰：“可与立，未可与权。”立谓守节，权谓应变。孟子曰：“由仁义行，非行仁义也。”谓不拘于仁义，而能适合于仁义。“伯夷，圣之清者也；伊尹，圣之任者也；柳下惠，圣之和者也。”清者不能任和，和者亦不能任清，可谓“行仁义”，而不可谓“由仁义行”。孟子之称孔子曰：“可以仕则仕，可以止则止，可以久则久，可以速则速。”又曰：“孔子，圣之时者也。”孔子之自述，亦曰：“我则异于是，无可无不可。”又曰：“从心所欲，不踰距。”孔子之所以能至此者，亦如轮扁之于轮、庖丁之于牛，为之精熟之效也。《易》曰："寂然不动，感而遂通天下之故。"心者应万变而不穷，如明镜之于形，岂有所逃者？及其既熟，则左右应变无方。《中庸》曰："不勉而中，不思而得，从容中道，圣人也。"微孔子，无足以任之。儒家以中道为极则，佛家以方便为究竟，皆是此意。

政治思想

孔子有德无位，虽未施于政事，其志可少概见。子路曰："愿闻子之志。"子曰："老者安之，朋友信之，少者怀之。"此仁心之所发也。子贡问曰："如有博施于民而能济众，何如？可谓仁乎？"子曰："何事于仁？必也圣乎！尧、舜其犹病诸。"博施济众，虽由仁心发端，充其量则圣德之事，大同之道是也。故曰"尧、舜其犹病诸"，是孔子之所志，故不仅至于尧、舜而已。大同之治，不可以一朝企及，故先自小康始。礼让为国，小康之极盛，由此而可以臻于大同之域。故孔子言政，皆就小康而言。《礼运篇》曰："故天不爱其道，地不爱其宝，人不爱其情。故天降膏露，地出醴泉，山出器车，河出马图，凤凰麟麒，皆在郊椒，龟龙在宫沼，其余鸟兽之卵胎，皆可俯而窥也。则是无故，先王能修礼以达义，体信以道顺，故此顺之实也。"儒家以大同为归，而不废小康者，此其故也。

至于孔子为政之大要，于《论语》中亦略可考见。“子适卫，冉有仆。子曰：‘庶矣哉。’冉有曰：‘既庶矣，又何加焉？’曰：‘富之。’曰：‘既富矣，又何加焉？’曰：‘教之。’”又曰：“不患寡而患不均，不患贫而患不安。盖均无贫，和无寡，安无倾。”其意在使民家给人足，而后兴礼让。盖孔子政治思想，不图富民而已，而其本在于礼教。故又曰：“能以礼让为国乎，何有？不能以礼让为国，如礼何？”子贡问政，子曰：“足食足兵，民信之矣。”子贡曰：“必不得已而去，于斯三者何先？”曰：“去兵。”子贡曰：“必不得已而去，于斯二者何先？”曰：“去食。自古皆有死，民无信不立。”其意可想见矣。当时言政者，不过欲以政齐民、兵强国富而止。孔子于此数者，虽未尝废，固不止于此。子曰：“道之以政，齐之以刑，民免而无耻。道之以德，齐之以礼，有耻且格。”是不止于政刑之验也。

孔子为政，首重以身率下。孔子曰：“为政以德，譬如北辰居其所，而众星拱之。”又曰：“无为而治者，其舜也与。夫何为哉？恭己以正南面而已。”季康子患盗，孔子对曰：“苟子之不欲，虽赏之不窃。”季康子问政，子曰：“子为政，焉用杀？子欲善而民善矣。君子之德风，小人之德草，草上之风必偃。”孔子之所谓德化者，非废刑之谓，上以身先之，而下相摩成俗，如有不可化者，然后执而戮之，以生道杀人，虽死不怨杀者。

礼乐刑政四者，皆治之具，不可偏无。儒家独明于礼乐者，当时皆苟且之政，以为专尚政刑即可为治。儒者虽言礼乐，固不废刑罚也。世无真儒，以宽懦为德化，故法家矫之以严峻，然商、韩之书详于束下，而略于人君之修养，是其所短。人君暴戾于上，而假法以虐民，使民无所措手足，其极也，必有土崩瓦解之虞，不如儒家之长久也。

儒家与道、法二家最相反异者，犹有举贤一事。孔子曰："举直错诸枉，则民服。举枉错诸直，则民不服。"又曰："举直错诸枉，能使枉者直。"又曰："举贤才。"盖举贤者，自古登进之路也，观于《尧典》，已可概见。唐虞三代，关于荐贤之事，不可缕举。惟其弊，朋党援引，蔽贤害政，所谓忠者不忠、贤者不贤。墨家于此，亦同于儒家，惟墨家更有甚者，即天子以下皆出选举。道家不尚贤，盖鉴于其弊而发之耳，其登庸之道，则无明文。法家不尚贤，师道家之意也，而其办法则曰"循名课实，将率必起于卒伍，宰相必起于州部"，其长处在少流弊、机会均等，其短在不能汲收贤才，而易含容庸才。即以汉唐而论，汉之荐举，其所得人才，实较唐行科举之制为优，盖科举取决于一时，而选举则取决于平时。科举之制，奇才异能之士往往不得申，而所得皆平庸之才，不过其流弊稍愈耳。荀子言："无德不贵，无能不官，选贤与能。"有二者并重之意，其办法何若，则不可知也。

孔子为政之要，大体如此；孟、荀之徒，虽有推阐，要不能离此。

礼乐之意

礼乐之起，由仁心生也。《乐记》曰："乐者，天地之和也；礼者，天地之序也。和，故百物皆化；序，故群物皆别。"又曰："知乐则几于礼也。"《孔子闲居》云："礼之所至，乐亦至焉。"《祭统》曰："夫祭者，非物自外至者，自中出生于心也，心怵而奉之以礼。"《乐记》曰："凡音之起，由人心生也。"又曰："乐者，声之动也；礼者，情之饰也。乐者，心之不可变者也；礼者，情之不可易者也。"《中庸》曰："仁者，人也，亲亲为大。义者，宜也，尊贤为大。亲亲之杀，尊贤之等，礼所生也。"《乐记》曰："是故先王本之情性，稽之度数，制之礼义，合生气之和，道五常之行，使亲疏贵贱长幼男女之理，皆形见于乐。"此孔门后学发明礼乐本于仁心之证也。

然此皆就礼乐之情言。若礼乐之文，诸书所记，则礼以法地，乐以象天；仁近于乐，义近于礼；乐著大始，礼居成物。乐主于和，礼主于敬，既已成象，用斯异焉。

凡有血气生知之属，则有喜怒哀乐之情，故先王兴礼乐以文之，所以别于禽兽。《曲礼》曰：“今人而无礼，虽能言，不亦禽兽之心乎。”《乐记》曰：“知声而不知音者，禽兽是也。知音而不知乐者，众庶是也。”是言礼乐之切于人用也。孔子曰：“兴于《诗》，立于礼，成于乐。”孔子之人格教育，一以礼乐为归。然孔子之所尤重者，礼乐之意也。故又曰：“礼云礼云，玉帛云乎哉。乐云乐云，钟鼓云乎哉。”

孔子虽未尝制作礼乐，而明礼乐之教，以垂示后世，其烈盖伟于制作。盖礼乐之文，有时而穷；礼乐之情，则万古不渝。乐在汉世，已不能言其义，后世并其铿锵鼓舞之技，亦且失传。礼乐并行，缺一不可，况礼文残阙，学者所习，不过以为文章考据之用，其能躬行实践者，盖不数睹。是礼虽有存者，与亡一间耳。其所以维持人心者，特旧日之风俗习惯尚未尽泯，校之以礼，又多乖异。无识之徒恶其害己，横相攻难，集谤《礼经》，即幸而言中，亦时地使然，非一成不可变者。况皆徒逞胸臆，一无所知，滋为学术之害而已。

学与教

孔子干七十余君不能用，仁政无所设施，故终其身以学与教为事。

子贡问于孔子曰：“夫子圣矣乎？”孔子曰：“圣则吾不能，我学不厌而教不倦也。”子贡曰：“学不厌，智也；教不倦，仁也。仁且智，夫子既圣矣。”子曰：“若圣与仁，则吾岂敢，抑为之不厌，诲人不倦，则可谓云尔已矣。”又曰：“默而识之，学而不厌，诲人不倦，何有于我哉！”孔子既常以此自许，子贡亦以此为孔子之圣德，可知二者为孔子之志，为孔子之终身事业。

《论语》首章即曰：“学而时习之，不亦悦乎？有朋自远方来，不亦乐乎？人不知而不愠，不亦君子乎？”骤然读之，未免过于平常，细意绎之，此数语者，实孔子晚年自述之语：“学而时习之”，好学不厌也；“有朋自远方来”，诲人不倦也。知教与学为孔子之终身事业，则知孔子之悦此乐此为不虚矣。《中庸》云：“君子依乎中庸，遯世不见知而不悔，惟圣者能之。”与《论语》云“人不知而不愠，不亦君子乎”，同为孔子而发，不过一为孔子之自述，一为子思赞扬圣德之辞。孔子自述，过为谦抑，得子思之言对照，而义方明。故知此三言者于孔子晚年生活，实已包容尽致。孔子师表万世，始立学者释奠于先圣先师，四时释菜于先师，学者入学即宗师仲尼。

然孔子所学者何学也？是不可以不晓。孔子尝谓“学而时习之”，“学而不厌”，“好古，敏以求之者”，“信而好古”。《中庸》谓“祖述尧、舜，宪章文武”，故可为说曰：“孔子所好之古，学尧、舜、文、武之道。”《孔子世家》载孔子所师事者众，何者为尧、舜、禹、汤、文、武之道耶？孔子虽多能，而不以多能为贵，曰：“吾少也贱，故多能鄙事。”告子贡曰：“赐也，汝以予为多学而识之者欤？”曰：“然，非欤？”曰：“非也，予一以贯之。”告曾子曰：“参乎，吾道一以贯之也。”孔子虽多能，而自谓有一贯之道，不以多能为贵。曾子释一贯之义曰：“夫子之道，忠恕而已矣。”再徵之孔子所许为好学者，惟颜子一人：一则曰：“回也，其心三月不违仁。”再则曰：“回之为人也，择乎中庸，得一善，则拳拳服膺而弗失之矣。”孔子所许为好学之人如此，则孔子所好之学可知也。《中庸》曰："君子依乎中庸，遯世不见知而不悔，惟圣者能之。"圣者非即孔子耶？又曰："诚者不勉而中，不思而得，从容中道，圣人也。诚之者，择善而固执之者也。"从容中道之圣，非即依乎中庸之孔子耶？执善固执之贤，非即择乎中庸之颜回耶？故知孔子之学，仁学也，忠恕之学也。《论语》言："博学于文，约之以礼。"《中庸》言："博学，审问，慎思，明辨，笃行。"故孔门之学，虽始于博学穷理，归根则在躬行实践，学孔子之学，固当勉力于斯也。

孔子既以此学，即以此教。孔门四科，以德行居首，而次以文学、言语、政事。曰："弟子入则孝，出则弟，谨而信，泛爱众，而亲仁，行有余力，则以学文。""子以四教，文行忠信。"凡此皆可以见孔子对于教育目的。其施教也，则循循然善诱人，有教无类，类者，贵贱贫富阶级。故远近来学。官学变为私学，贵族教育变为平民教育，于是平民崛起，如颜渊、子路、原宪之徒，以白屋之士，皆得受高等教育，此中国学术一大转变之关键也。惟中庸之道费而隐，夫妇之愚可以与知，其至则圣人有所不知；夫妇之不肖可以能行，其至则圣人有所不能。孔子虽以此教，惟颜子三月不违仁，拳拳服膺而勿失，余子则日月至焉而已。孔子教亦多术，各视其性之所近而道之，视其性之所短而救之，然皆圣人之一体，惟冉牛、闵子、颜渊具体而微。观《论语》所记门人问答之辞，胥依人为说，而问仁者尤众，其所答皆异，以皆仁之一体也。孔子不轻以仁许人，诚恐执此一端以为仁之具体也。

近世学校之弊，师生如同路人，虽学风之儇靡有以致之，司教者亦不能不分谤也。

孔子对于中国文化关系

孔子开启后代文化者，犹有二事：一为撰述六艺，一为私人讲学。

孔子以前，学术掌之史官。夏之将亡，太史终古抱其图籍，出亡之商；殷之将亡，太史向挚抱其图籍，出亡之周；是以国家虽亡，文献犹在。孔子生周之衰，惧图籍散逸，礼坏乐崩，自卫返鲁，知道之不行，乃考订《礼》《乐》，《雅》《颂》各得其所，修《易》序《书》，制作《春秋》。《王制》言："乐正崇四术，顺先王《诗》《书》《礼》《乐》以造士。"是古之教育，即以《诗》《书》《礼》《乐》为教本。孔子之于《诗》《书》《礼》《乐》比诸乐正所掌如何，今不可得知也。墨子言："诵《诗》三百，歌《诗》三百，舞《诗》三百。"今四家所传三百五篇，其数略同，想无大异。《诗》《礼》《乐》本相连系，《乐》之辞见于《诗》，《乐》之节具于《礼》。《礼经》在汉世所传仅十七篇，合逸礼始成五十六篇之数。

《礼器》言："经礼三百，曲礼三千。"《中庸》言："礼仪三百，威仪三千。"究系何指，后儒说者虽众，实难揣测。孔子之于《礼经》编次如何，亦不可知。孔子删《书》百篇，据《书纬》而云尔。二十九篇，伏生能传之数也；五十八篇，孔壁所得书之数也；百两篇，张霸伪《书》之数也。孔子删《书》之目，亦难具晓。盖此数经者，孔子即有所编次，与旧日所传，谅不相远。惟《易》与《春秋》，则孔子精心之作。《易经》本卜筮之书，自文王演《易》，始寓人事之义，观三《易》卦序之异，可以知也。孔子赞《易》而义始著，是卜筮之书变而为义理之书者，孔子力也。故今日之《易》虽出于羲、文，而义则出之孔子。《春秋》者，鲁史之名，经孔子笔削，而其义迥殊，如冰出于水，冰实非水也。孟子曰："王者之迹熄而《诗》亡，《诗》亡然后《春秋》作。晋之《乘》，楚之《梼杌》，鲁之《春秋》，一也。其事则齐桓、晋文，其文则史。孔子曰：'其义则丘窃取之矣。'"公羊子曰："主人习其读而问其故，不知己之有罪焉尔。"盖孔子因《春秋》之文，而自为义例，其字义词例，与常文殊，褒贬损益之词即寓其中，故有赖于口授。《公羊》引《不修春秋》，则知《春秋》旧文与此异也。盖《易》与《春秋》，皆孔子因仍旧文而寓以新义。《易》以明天人之理，

《春秋》则专言人道。后世言史者以《春秋》为史，如以史视《春秋》，则直断烂朝报耳。故孔子之于《六经》，其功尤在于《易》《春秋》,《诗》《书》《礼》《乐》则述而不作也。

欲知孔子私门授徒之功，当知周之学制。古者即诸侯亦不得擅立学校,《王制》云:“天子命之教，然后为学。”是其证也。又曰:“司徒修六礼以节民性，明七教以兴民德，齐八政以防淫，一道德以同俗，养耆老以致孝，恤孤独以逮不足，上贤以崇德，简不肖以绌恶。命乡论秀士，升之司徒，曰选士；司徒论选士之秀者，而升之学，曰俊士。升于司徒者不征于乡，升于乡者不征于司徒，曰造士。”何休《公羊解诂》云:“中里为校室，选其耆老有高德者，名曰父老。十月事讫，父老教于校室，八岁者学小学，十五者学大学。其有秀者，移于乡学。乡学之秀者，移于庠序。庠序之秀者，移于国学，学于小学。诸侯岁贡小学之秀者于天子，学于大学，其有秀者，命曰造士。”《汉志》略同何说，不引。《王制》何休所述周之学制，较前虽进，然周以防御诸侯过甚，故学不普及。诸侯既待天子命之教，然后敢为学，诸侯之国学，对于天子大学，亦称小学。小学之秀者，必贡于天子，贡士不善，则有绌罚，所以防诸侯之强大也。天子大学然后得见四术，诸侯之学不得见，抑又可知。庶民必待事讫然后入校室，作之师者，虽曰耆老有高德，因其少有知识者已升于天子，其教育之低，可以想见。诸侯之学以下，所教不过《王制》所言“节民性”“兴民德”“防淫”“同俗”诸端而止耳。《王制》所言为畿内之制，不言校室，从司徒起；何休所言，则由畿外诸侯之校室以至于天子之大学。《王制》所言司徒，当何休所言庠序。《王制》司徒论选士之秀者而升之学，当何休所言诸侯之学。《王制》于“曰造士”上有脱文，以意补之，当为“论学之秀者升于大学，曰造士”，则可通也。自孔子播六艺以教，于是前之大学生所不及见者，平民皆得见之，前后相悬，不啻霄壤之判。又值其时世族崩溃，齐民踵兴，南亩之失耕者皆奔命于学问，以致贵显，周末学术之盛，有由来矣。

孔子之道，以仁为本，以中为极，以位为依，为学为政，胥出于仁心，因不得行其志，乃撰述教学终其身。其教泽之远，谓中国文化自孔子开之，亦无不可。

孟　子

由孔子至孟子百有余岁，世变日亟，人心日死。春秋诸侯邦交，大国尚假仁义以为会盟，小国仅藉礼义以守社稷。战国之世，此风泯然绝矣。攻伐为能，竞进无厌，贪饕之风炽，廉耻之义尽，心术之害，不辨香臭，妾妇之行盈天下，而守道者绌矣。故孟子正人心，息邪说，明性善之义，严出处之道，诚有所不得已焉。孟子曰："乃所愿，则学孔子也。"此孟子自标其宗也。孔子之道，以仁为本，孟子亦曰："君子亦仁而已矣，何必同。"言虽万殊，一仁而已。

论　性

孔子曰："性相近也，习相远也。"综孟子言性之旨，皆由此发端。世俗习闻性善之义，而不深察其所由，曷能知其持论之精乎？善恶者，后天相待之名。性之本体，则言语道尽，然欲上求其源，则非论性不备。孟子道性善，有由矣。春秋以来，学者已多致疑于奕世相传之礼法，读道家言，可深明此派思想。孔子之答宰予问三年之丧，即反求本心，已启孟子坛宇，故孟子言性，实衍孔子之绪。时异势殊，能无因时而变乎？

与孟子论性最烈者，无如告子。告子之所主者，曰"性无善无不善也"，而论性与义之关系，则曰"性犹杞柳，义犹桮棬"。孟子之论性，合义而言之也。孟子曰："子能顺杞柳之性而以为桮棬乎？将戕贼杞柳而后以为桮棬也？如将戕贼杞柳而后以为桮棬，则亦将戕贼人以为仁义与？率天下之人而祸仁义者，必子之言夫。"孟子之言性善者，明仁义礼知胥发乎性，而非桎梏人性。从告子之说，则不免强人性以就礼义，故曰：“率天下之人而祸仁义者，必子之言。”痛之深矣。

“性可以为善，可以为不善。”“有性善，有性不善。”皆当时之反孟学说也。前说主于教化，后说主于不可移。一偏于习，一偏于性。孟子曰：“乃若其情，则可以为善矣，乃所谓善也。若夫为不善，非才之罪也。恻隐之心，人皆有之。羞恶之心，人皆有之。恭敬之心，人皆有之。是非之心，人皆有之。恻隐之心，仁也；羞恶之心，义也；恭敬之心，礼也；是非之心，智也。仁义礼智，非由外铄我也，我固有之也。”其意在说明仁义礼智非由外铄，本有其端而已。

尧、桀、纣皆人也，而善恶殊焉，是非人性可以为善、可以为不善耶？自性善言则人皆可以为尧、舜，自性恶言则人亦皆可以为桀、纣，然而天下之善人少、不善人多，不善人多而耻为不善人，是人性之向善不可诬矣。《道经》曰：“人心之危，道心之微。”荀子曰：“义与利，人之所两有。”张横渠以下，侈言义理之性与气质之性，持说虽异，以人性有善不善之分则同。

吾尤深契乎《乐记》之言也，曰：“人生而静，天之性也。感于物而动，性之欲也。物至知知，然后好恶形焉。好恶无节于内，知诱于外，不能反躬，天理灭矣。”

《乐记》以无思无为之时为性，《中庸》所谓“喜怒哀乐之未发谓之中”也，何可以善恶名之哉？人生而有欲，以养其体，予取予求，无度量分界，则侵害他人。人欲非不善，无节方为恶也。恒情囿于形骸之内，私我之心，扩充无极，荀卿所谓“顺是故争夺生而辞让亡，顺是故残贼生而忠信亡”者也，故孟子言求仁之道曰“强恕”。程伊川言：“公是仁之理。”由此可见人之不善，由私心太重，能节之以礼，无不善也。尧、舜既为人之极致，故可以言“性善”，可以言“人皆可以为尧、舜”。孟子曰：“故凡同类者，举相似也，何独至于人而疑之？圣人与我同类者。”相似云者，大体相同之意，与孔子“性相近”之义同。

若其气禀之厚薄，故有不同，凡物皆有然者矣。孟子虽言性善，不过言其端可以为善耳，曰：“恻隐之心，仁之端也；羞恶之心，义之端也；辞让之心，礼之端也；是非之心，智之端也。人之有是四端也，犹其有是四体也。凡有四端于我者，知皆扩而充之矣，若火之始然，泉之始达。苟能充之，足以保四海。苟不充之，不足以事父母。”而其归本于集义养气，择术又为集义养气之权舆，故曰：“苟得其养，无物不长。苟失其养，无物不消。”又曰：“尧、舜，性之也；汤、武，身之也；五霸，假之也。久假而不归，乌知其非有也？”其下手之处，与荀卿无弗同。言性善则主尽性，言性恶则主化性，殊途而同归焉。

若上求礼义之原，而不知性善，则礼义直桎梏人性之具耳，夫何足贵？此孟子所以言良知良能也。不学不虑，与近世心理学家所谓直觉相近。孺子将入于井，而生恻隐之心；见堂下之牵牛，而起觳觫之心；其时有丝毫计度之念可存于其间耶？心者感于物而动者也，当其寂然不动之时，故不须安排，方动之时，亦不容计度，此心之周流无碍，则仁之熟矣。

“心之官则思。”思者，即所以反求此心、体认此心而已。圣人者，仁之至熟也，故发而皆中节。“由仁义行，非行仁义。”孔、孟之行，处处合于中道，因物为制，而曲得其宜。常人则局于一隅，执于一端，由此心无此境界耳。故孟子曰：“君子之所为，众人固不识矣。”岂非然哉。

论　政

“己欲立而立人，己欲达而达人。”政者，达此仁心之工具而已。孟子曰：“以不忍人之心，行不忍人之政。”又曰：“老吾老以及人之老，幼吾幼以及人之幼。”皆推举斯心加诸彼而已。《记》曰：“天下为一家，中国为一人。”有此心量，而后可以言仁政也。孟子曰：“民之所好好之，民之所恶恶之。”此言上之所以治民也。又曰：“乐民之乐者，民亦乐其乐。忧民之忧者，民亦忧其忧。”此言下之所以事上也。孟子言政，发乎至性，与乎当世以诈遇民偷取一时者，宜乎如持方柄纳圆凿，其不见容于暴君污吏无惑矣。

尊周攘夷，春秋霸者之策略，孔子作《春秋》亦因之，时使然也。民主政治之思想，盛于墨子，孟子虽斥墨，而其政治思想则与墨子为近。墨子“尚同”之义，以民从君，以君从天，与《春秋》之义同。故墨子虽言天子出于选举，而寓民意于天志之中。至公言以民意为主者，则自孟子始。孟子曰："得乎丘民而为天子。"虽曰"天子能荐人于天"，而以诸侯之朝觐、人民之讼狱讴歌为判，故孟子之时，尊周之思想已为陈迹，其政治思想在民而不在君，在百姓之生计而不在一国之富强。

滕文公最能尊信孟子者也，孟子语之曰："有王者起，必来取法，则为王者师也。"滕文公为当时之诸侯，孟子教之为王者师，盖滕在当时已不能自存，勉之为王者之事，不幸而亡，尚可为后王取法，盖其宅心在天下之福利，不暇为一家一人计也。滕文公问曰："滕，小国也，间于齐楚，事齐乎？事楚乎？"孟子曰，"是谋非吾所能及也。无已，则有一焉：凿斯池也，筑斯城也，与民守之，效死而民弗去，则是可为也。"其意以为君主之去留，当以民意为本，不能以人君之威力而强人民以守其国，如人民受君之恩而愿与死守则可也，此孟子之创说也。滕文公问曰，"滕，小国也，竭力以事大国，则不得免焉。"孟子答之，一则"太王迁岐"之事，再则曰："世守也，非身之所能为也，效死勿去，君请择于斯二者。"效死勿去，此古义也。《春秋》之义，国君一体，诸侯死社稷。去国，亦孟子之创说也。君子不以其所以养人者害人，君与土地，皆所以养人也，可以养人者反害人乎？不知孟子民主政治之思想，则必訾其无用也。

孔子为政之方略，曰富与教，又曰："不患寡而患不均，不患贫而患不安。"孟子论政，亦本于此，曰："五亩之宅，树之以桑，五十者可以衣帛矣。鸡豚狗彘之畜，无失其时，七十者可以食肉矣。百亩之田，勿夺其时，数口之家可以无饥矣。谨庠序之教，申之以孝悌之义，颁白者不负载于道路矣。老者衣帛食肉，黎民不饥不寒，然而不王者，未之有也。"孔子之时已有贫富不均之现象，故曰"患不均"，孟子则归罪于暴君污吏，漫其经界，是当时侵占民田之事，已不可讳，其主因则在好战，而以土地奖战士。以秦例之，概可想见。秦人虽号奖励耕战，而所富则在战士，久之农人直战士之奴，殆彷佛于高欢之以鲜卑人出战、中国人为之耕织也。

故孟子言王政必始井田，曰："夫仁政必自经界始，经界不正，井地不均，谷禄不平，是故暴君污吏，必漫其经界。"以滕文公言"今将行王政，齐楚恶而伐之"，实可以反证孟子言诸侯"恶其害己而皆去其籍"之不虚。后世疑孟子者则谓井田之制不可复行，谓为迂阔，是大惑也。伊古以来论井田者，未有以为制之不善，所争在当时情势能行与否，井田之制必行于地旷人稀之时，已成公论。综观先秦故书，随处可见人不足于地，井田之制不见用于时，非其制之不善，不适于暴君污吏之兼并与疾于富强耳。

论政体

孟子之所以所如不合者，井田之制不适于帝国之富强，虽其一因，而其最大扞格，则民主政体是也。孟子曰：“民为贵，社稷次之，君为轻。得乎丘民而为天子，得乎天子为诸侯，得乎诸侯为大夫。诸侯危社稷，则变置。”大夫之得变置，当时已然之效也，天子不得人民之拥戴，则无以王天下，故孟子以汤放桀、武王伐纣为诛一夫。“朝觐讼狱讴歌”，为天命之攸归。古代天子实出于诸侯之共推，虽天子得以封建诸侯，不过灭前代之诸侯，以封兴朝功伐与懿亲耳。孟子之言，实与墨子相近。

其为世袭与否，虽无明文，以世臣推之，则天子诸侯亦必世袭，其义有数：天子诸侯世袭，制难卒变，一也；前定则不争，而选贤可以假借，二也；世袭则视国如家、视民为子，无盗窃之事，三也；世袭则以君求臣而责重，《郊特牲》云：“男子亲迎，男先于女，刚柔之义也。天先乎地，君先乎臣，其义一也。”选贤则受民委任而责有分界，四也。

权利取重，絜害取轻，故仍世袭之制焉。

虽主天子诸侯世袭，其去留则操之于民。井田之制行则民富，民富则易教，教行而化成，君主垂拱而无为也。自君上言之，所与谋国者皆贤哲之人，而无与为非也。汤之于伊尹，桓公之于管仲，本非常制，孟子以此非常之事为常制，曰："故将大有为之君，必有所不召之臣，欲有谋焉，则就之，其尊德乐道，不如是，不足与有为也。故汤之于伊尹，学焉而后臣之，故不劳而王；桓公之于管仲，学焉而后臣之，故不劳而霸。"

孟子于君臣之关系，有师、友、臣三等之分，有"先师而后臣"者，有"师友而不臣"者，有"纯臣"者。师而不臣，则无官守，无言责，曾子之居武城是也；先师而后臣者，伊尹、管仲是也。人君终日与贤人处，染化而不自知，故曰："惟大人为能格君心之非，君仁莫不仁，君义莫不义，君正莫不正，一正君而国定也。"

人臣既纵分为三等，又横分为同姓、异姓。国之起源，基于宗族，故同姓之卿，无去国之义，有易位之权。封建、井田、世卿三者，相为表里。世卿者，即宗法之本也。君为大宗，臣为小宗。《诗》云："君之宗之。"天下之君，即天下之宗也。故诸侯以上绝旁亲，示不私也。此异于《礼》所谓大宗小宗。宗子司宗人之政教，与治民之吏，一经一纬，其为法至周且密也。孟子之思世臣，即是此意。古者有田然后祭，则宗子必为国之世臣。宗子虽有不世其爵位者，而其田固在。世卿之制渐坏，故庶子可以崛起于其间，于是《礼》有“宗子为士，庶子为大夫”之文。孟子欲复井田，故思世臣。然以诸侯得变置之义推之，则世臣亦可得而变置也。

古人立法，君臣之间，各有其礼，后世君权无限，责臣无极，故孟子大声疾呼曰：“君之视臣如手足，则臣事君如腹心；君之视臣如犬马，则臣事君如国人；君之视臣如土芥，则臣事君如寇仇。”臣，坤道也，以顺成天德为正。及小人为之，专以逢君之恶，为取富贵之资，故孟子深疾之曰：“以顺为正者，妾妇之道也。”其有所激而发哉！

论士大夫之出处

古者贫者不贵、贱者不学，富、贵、知识三者合而为一。士为爵名，无所谓学士。《韩非子》有学士之名。天子者，大士也；士者，小天子也。自春秋以来，世族崩溃，平民渐起，孔子开私门授徒之风，于是平民皆得问学，无爵无禄而以知识见称之士大夫阶级起焉。既不能耕以养人，又不能为人所养，故其出处，难乎其难。战国养士之风，实时势所迫而然者也，于孟子书中可以见当时人士对此之讨论焉。

公孙丑曰："《诗》曰：'不素餐兮。'君子之不耕而食，何也？"孟子曰："君子居是国也，其君用之，则安富尊荣；其子弟从之，则孝弟忠信。不素餐兮，孰大于是？"彭更问曰："后车数十乘，从者数百人，以传食于诸侯，不亦泰乎？"孟子曰："非其道，则一箪食不可受于人；如其道，则舜受尧之天下，不以为泰。子以为泰乎？"此孟子对当时以士无功受禄为不可者之论战也。

万章曰："今之诸侯取之于民也，犹御也。苟善其礼际矣，斯君子受之。敢问何说也？"曰：孟子"子以为有王者作，将比今之诸侯而诛之乎？其教之不改然后诛之乎？"此孟子对当时以士不择禄而仕为不可者之论战也。陈代曰："枉尺而直寻，宜若可为也？"孟子曰："枉己者未有能直人者也。"淳于髡曰，"夫子在三卿之中，名实未加于上下，而去之，仁者固如此乎？"孟子曰："君子亦仁而已矣，何必同？"此孟子对当时游说之士、贪饕之人论战也。

当时之出处既难如此，孟子之态度如何？曰：亦仁而已。士之阶级为社会问题，待于政治解决，井田之制是也。孟子之所言者，在此旧法已坏、新制未起之救弊法也。官失其守，学在士夫，守先王之道，以待后之学者，固无暇力耕而食。贵族既衰，士大夫即将来之从政人才，国家亦赖有此辈为用，孔子之时，已渐萌此象也，故曰："君子固穷，小人穷斯滥矣。"曰："士志于道，而耻恶衣恶食者，未足与议也。"即以孔子之生活而论，固世族之后，亦尝食于大人，如季氏之类，见《小戴记》。将之荆，则先之以子夏，又申之以冉有。其厄于陈蔡，则曰"无上下之交"。其授徒之束脩，亦为其资生之一。其弟子亦多仰给于孔子，故子华使于齐，冉子为其母请粟。

当时从其学者，亦多为禄而来。孔子曰："三年学，不志于谷，不易得也。"可见学以干禄不止子张一人。若墨子之弟子，类此尤多。《耕柱篇》言："子墨子游耕柱子于楚，无几何而遗十金。"《贵义篇》言："子墨子仕人于卫。"《公孟篇》言："有游于子墨子之门者，身体强良，思虑徇通，欲使随而学。子墨子曰：'姑学乎，吾将仕子。'劝于善言而学，其年毕云："同期年。"而责仕于子墨子。"《鲁问篇》言："子墨子出曹公子而于宋，三年而反，睹子墨子曰：'始吾游子之门，短褐之衣，藜藿之羹，朝得之则夕弗得，祭祀鬼神。今而以夫子之教，家厚于始也。"'此可以见当时之来学者，皆非为义而来，惟赖二三大师，渐被之以仁义，润之以礼乐，而后教尊义立，此又无怪于叔孙、桓荣之徒也。凡此皆可见当时之社会情形。诸子设教，如追放豚，去此适彼，品类万殊。诸子书中可见，文多不引。皆时势所迫，不得不如是耳。

孟子之所以自处与教人者，亦惟如孔子之抑制物欲而已。详下。与不得已，亦可以为禄仕。曰："仕非为贫也，而有时乎为贫。为贫者，辞尊居卑，辞富居贫。"陈子曰："古之君子何如则仕？"孟子曰，"所就三，所去三。迎之致敬以有礼，言将行其言也，则就之；礼貌未衰，言弗行也，则去之。其次，虽未行其言也，迎之致敬以有礼，则就之；礼貌衰，则去之。其下，朝不食，夕不食，饥饿不能出门户。君闻之，曰：‘吾大者不能行其道，又不能从其言也，使饥饿于我土地，吾耻之。’周之，亦可受也，免死而已矣。”虽言古之君子，实对当时立言。此孟子应付当时之办法也。上以行道，下以免死，免死者必至于饥饿不能出门户，又未可以假藉也。古者平民无为臣之义，而有力役之劳，战国之世，布衣卿相之局已成，庶民有为臣之道。孟子耻其竞进无厌，乃发愤而言曰：“士不托于诸侯。”“君之于氓也，故周之。”“古者不为臣不见。”“往役义，往见不义。”“为其多闻也，为其贤也，则天子不召师，而况诸侯乎？”其意以为不为臣，无见诸侯之义，无已，则为王者师耳，故曰：“以位则子君也，我臣也，何敢与君友也？以德，则子事我也。”又曰：“古之贤王好善而忘势，古之贤士何独不然，乐其道而忘人之势。”迫斯可见，则道尊也。

孔墨周游天下，上说下教，当急于用世。孟子则有敝屣天下之意，不欲为臣。孟、庄同时，《庄子》书中让王者比肩，其亦时代之反映与？其时游说之士，则正相反，“伊尹负鼎干汤”，“百里饭牛干秦”，“孔子主痈疽”，相与造作事实，厚诬前修，以文其过，孟子辞而辟之，盖有由矣。孟子未尝不亟于仕也，然不以其道得之不取，于答周霄之问见之矣。曰："古之人未尝不欲仕也，又恶不由其道而往者，与钻穴隙之类也。"士无以自养，不得不求食于人，生民在水深火热之中，又不得不以天下为己任，学者既无革命之志，惟有在此万难之中，求一心安理得之地以自处。出仕则以行道，下至于免死，退处则传学，为生民立命，而求所谓"大行不加，穷居不损"者焉。故庄、孟思想皆偏于全生养性。

虽然，社会问题固不因一二圣哲能以礼自持而解决也。彭更问曰："士无事而食，不可也。"又曰："君子之为道也，其志亦将以求食与？"孟子则无以答之也，惟曰："子何以其志为哉？"士人为义，本非以求食，而又不能不赖于食以自养，谓之求食不可也，谓之不求食不可也。自孟子以至于今，尚未有善处之道，仅赖君主之羁縻，与权贵之豢养耳，而今日为尤甚，世变方殷，曷其有既。

论士大夫之修养

士大夫之出处，既难如是，故孟子于当时之诸侯与人民，皆不深责，而谆谆致意于士大夫。孟子曰：“今之诸侯，五霸之罪人也。今之大夫，今之诸侯之罪人也。长君之恶其罪小，逢君之恶其罪大。今之大夫皆逢君之恶。”又曰：“我能为君约与国，战必克。今之所谓良臣，古之所谓民贼也。我能为君辟草莱、任土地。今之所谓良臣，古之所谓民贼也。”又曰：“故善战者服上刑，连诸侯者次之，辟草莱、任土地者次之。”于人民，孟子亦未尝深责以圣贤之义，曰：“无恒产而有恒心者，惟士为能。若民则无恒产，因无恒心。苟无恒心，放僻邪侈，无不为矣。”又曰：“使有菽粟如水火，而民焉有不仁者乎？”盖当时游说之士所以动人主者富强，天下无事，则无所用之，故利天下之事，而遂其富贵利达之思。就当时情势而言，实操于少数政客之手，其所以不恤残民以逞其欲者，无非物于物之所致。

声色货利所以养体，求之不以道，得之不以命，则足以陷溺其良心。庄生不云乎："哀莫大于心死，而身死次之。"故孟子急存其大者，曰："体有贵贱，有小大，无以小害大，无以贱害贵。养其小者为小人，养其大者为大人。"又曰："耳目之官不思，而蔽于物，物交物，则引之而已矣。心之官则思，思则得之，不思则不得也。此天之所以与我者。先立乎其大者，则其小者不能夺也。"仁义礼智根于心，操则存，舍则亡，是在我也；富贵利达在于外，求不必得，舍不必失，是在人也。君子修其在己者，穷通直寒暑风雨之序耳。故曰："求则得之，舍则失之，是求有益于得也，求在我者也。求之有道，得之有命，是求无益于得也，求在外者也。"声色臭味之欲，圣人与凡人无殊，惟圣人能不以小害大耳。曰："口之于味也，目之于色也，耳之于声也，鼻之于臭也，四肢之于安佚也，性也，有命焉，君子不谓性也。仁之于父子也，义之于君臣也，礼之于宾主也，知之于贤者也，圣人之于天道也，命也，有性焉，君子不谓命也。"色声不谓之性，仁义不谓之命，所以节制物欲而扩充仁义。圣人之为圣，贤人之为贤，其皆出于此耶，而愚者反是。孟子曰："向为身死而不受，今为宫室之美为之。向为身死而不受，今为妻妾之奉为之。向为身死而不受，今为所识穷乏者得我而为之，是亦不可以已乎。此之谓失其本心。”噫，何言之深切与！人人有贵于己者，此心具足，不待外求，而为物所胜，终亦梏亡而已。养之之道，厥惟寡欲。故孟子曰：“其为人也寡欲，虽有不存焉者寡矣。其为人也多欲，虽有存焉者寡矣。”恒情知愈高者欲愈甚，其所求者无限，故孟子于士大夫之修养，言之深切。养其小体，而害其大体，哀莫甚焉。

“居移气，养移体”，是以贵所养也。孟子曰：“耳目之官则思，思则得之。”此教人自省也。故曰：“人人有贵于己者，弗思耳。”圣人之道，终于尽性立命。性之能尽与否，则在乎存养。孟子曰：“尽其心者，知其性也。知其性，则知天矣。存其心，养其性，所以事天也。夭寿不贰，修身以俟之，所以立命也。”又曰：“不知命，无以为君子也。”“君子行法以俟命而已矣。”性者，人之理；天者，天之理。性与天道，不可贰也。天命之谓性，故尽性则知天。心者，耳目之官也。性者，心之理也。故尽心然后知性。故知孟子所谓“性”异乎告子所谓“生之谓性”之“性”也。通常所谓性皆同告子，无怪其致疑于性善。命者，求在外者也，对性而立名也。孟子曰：“诚者，天之道也。思诚者，人之道也。”诚者，性也；思诚者，存养之功也。存养所以尽性。故立命之道，其惟尽性之功乎？事功者，性之发也，而非性也。求在外者也，君子谓之命。《中庸》曰："成己仁也，成物知也，性之德也。"大哉言乎！虽性之德，而不必得，不得而性无不足。孟子曰："广土众民，君子欲之，所乐不存焉。中天下而立，定四海之民，君子乐之，所性不存焉。君子所性，虽大行不加焉，虽穷居不损焉，分定故也。"君子所以无人而不自得者，由是焉耳。

荀　子

战国之世，孟、荀为儒家钜子，服膺孔子，以重其言；校以孔氏之学，虽不离宗，要因时为制，各有所偏胜，可谓善学已矣。《论》《孟》二书，后世语录之类，语焉弗详，可以见大纲，而不足以尽委曲，盖其体制使之然矣。

荀卿明王道，述礼乐，因世所需，大畅厥辞，儒家之用，于是乎咸在，举而措诸天下不难。惟孟氏所详，在于礼乐之源；荀卿所尚，在于礼乐之迹，一性于礼，一取于礼。性则有本，取则有用。根于心与利于事，偏其反矣，而又有相辅之效焉。告子昌仁内义外之教，且见訾于孟氏，考荀子之言，抑又加甚，其殆有为而发者耶？荀卿隆礼，资于外形，不务内心，论心不如择术，荀卿之旨也。以为天下之物，苟纳之于礼而合，足矣。礼本人情，荀卿非不知之，盖当功利盛行之世，人务近功，不皇隆高。孟子之论，根本之言；饥渴之害，不知正味。故荀卿截断上源，以礼为律令，而为富强之原，以当世皆务于富强，难卒以仁义动之，此其方便之术矣。是以二子之道虽一，而所以行道之径则殊，不可不审矣。

百家争鸣，各思以其学易天下，孟子徒辟之而已，荀卿则资之以建其术，还以其术攻人之术，故言儒效，当以荀卿为闳远；然其流弊亦称是，斯其底矣。

礼

礼者，仁心之发于事之节文。礼者，仁之用；仁者，礼之本。《记》曰："禘尝之礼，所以仁昭穆。郊社之礼，所以仁鬼神。"谓此也。孟子论葬礼之起曰："其颡有泚，睨而不视。夫泚也，非为人泚，中心达于面目。盖归反蘽梩而掩之。"此谓礼由中出，非自外作。

荀氏言礼，则曰："起于圣王，生于君子。"而性恶之论，由是以起。《性恶篇》曰："人之性恶，其善者，伪也。"又曰："凡礼义者，是生于圣人之伪，非故生于人之性也。故陶人埏埴而为器，然则器生于工人之伪，非故生于人之性。"此极端之外作说也。其立此说者，《性恶篇》曰："今人之性，生而有好利焉，顺是故争夺生而辞让亡焉；生而有疾恶焉，顺是故残贼生而忠信亡焉。"其所以立此说者，《性恶篇》曰："性善则去圣王，息礼义也；性恶则与圣王，贵礼义也。"综上诸说，可知荀卿立言之旨，在于隆礼，然其弊也，则戕贼人以为仁义，无以释道家仁义非性之难。

《性恶篇》辨性伪之界曰："凡性者，天之就也，不可学，不可事。礼义者，圣人之所生也，人之所学而能，所事而成也。"其说之不通可见也。既生于圣人，非生于圣人之性乎？故凡同类相似，是以立性善之说，荀卿非不知之也，《大略篇》曰："礼以顺人心为本。"又曰："凡事生饰欢也，送死饰哀也，军旅饰威也。"《礼论篇》曰："称情而立文。"又曰："两情者，人生固有端焉。"由是言之，礼义之文，虽圣人为之，岂得谓非出于性情哉？荀卿有为而言之也。

荀卿所重，在于教化，故曰"起礼义以化性"。孟子虽言性善，而必资于择术存养，以尽其性，其归又未或不同也。孔、孟详于礼之原，而未畅言其用，仁义虚而礼制实，故荀卿隆礼义而杀《诗》《书》。《劝学篇》曰："礼者，法之大分，类之纲纪也。"又曰："将原先王，本仁义，则礼正其经纬蹊径也。"《礼论篇》曰："礼起于何也？曰：人生而有欲，欲而不得，则不能无求；求而无度量分界，则不能不争；争则乱，乱则穷。先王恶其乱也，故制礼义以分之，以养人之欲、给人之求；使欲必不穷乎物，物必不屈于欲；两者相持而长，是礼之所起也。"此亦以性恶为根据而起之说也。自性善言之，则礼起于人性之所不能自已，故曰：“君子所性仁义礼智。”由仁义行者也。荀卿之所谓礼者，行仁义者也。一出于自然，一出于强制。自然者，仁之熟也。强制者，使之归于自然。孟子曰：“五霸假之也，久假而不归，乌知其非有也。”荀卿专就此言之耳。《礼论篇》曰：“故人一之于礼义，则两得之矣；一之于情性，则两失之矣。”是荀子非不知性情，恐性情之不可恃也。

礼起于圣王，隆礼即所以法先王也。战国之世，不由礼久矣，侵夺之害，刑政之苛，人伦之废，胥由无礼，故荀卿论政，一反之古。《王制篇》曰：“衣服有制，宫室有度，人徒有数，丧祭器械皆有等宜。声则凡非雅声者举废，色则凡非旧文者举息，械用则凡非旧器者举毁。夫是之谓复古，是王者之制也。”复古者，所以反今，其器则礼制是也。

论　政

荀卿论政，《王制》其总汇也。尚法而以人救法之穷，与执于一端者异，此儒家之所同也。后世以为儒家尚人治而废法治者，欺德也。《中庸》曰："文武之政，布在方策，其人存则其政举，其人亡则其政息。"法者死物，待人而举，孟子所谓"徒法不能以自行"之意耳，非废法也。而荀卿阐明其义，《王制篇》曰："故法而不议，则法之不至者必废；职而不通，则职之所不及者必队。故法而议，职而通，无隐谋，无遗善，而百事无过，非君子莫能。"法家一断于法，此法而不议也；越职而有功则罚，此职而不通也。儒家者，欲求其至善者也，非废法之谓。

荀卿论立君之道，以分为归。《富国篇》曰："无君以制臣，无上以制下，天下害生纵欲。"《君道篇》曰："君者何也？曰：能群也。"孔、孟言立君，皆本于天，而荀卿则本于人，此荀卿之进于孔、孟者也。若其所以立君之道，则无不同。为君之要，莫先于正身，而以身率下。《君道篇》曰："请问为国？曰闻修身，未尝闻为国也。君者，仪也，仪正而景正；君者，槃也，槃圆而水圆；君者，盂也，盂方而水方。"儒家言政，必自上始，与法家之详于驭下而无以正君者殊也。《君道篇》曰："隆礼至法，则国有常；尚贤使能，则民知方；纂论公察，则民不疑；赏克罚偷，则民不怠；兼听齐明，则天下归之。然后明分职，序事业，材技官能，莫不治理。"此言治国之大经也，而其所执则礼而已。

为君之道，莫难于任人，南面之术，孔、孟所不详，荀子亦有资于道家。《王制篇》曰："威严猛厉而不好假道人，则下畏恐而不亲，周闭而不竭，若是则大事殆乎弛，小事殆乎遂。和解调通，好假道人，而无所凝止之，则奸言并至，尝试之说锋起，若是则听大事烦，是又伤之也。"儒家以身率下，臣下则勉而为之，而又恐无以别诚伪，故于道家南面之术亦有所取。而《正论篇》之非"主道利周"，则又反道家之说也。于此之间，莫之所从，则惟有取信于便嬖。《君道篇》曰："故人主必将有便嬖左右足信者。"其智与后世人主之亲幸宦官无异，盖知人则哲，惟帝其难。南面之术，亦不过示人规矩，不必能使人巧。

富国强兵，当世之所务也，而其富强之道则非，故孔、孟罕言，防其原也。荀卿知此不足以救其弊，而思有以易之。《富国篇》曰："足国之道，节用裕民，而善藏其余。节用以礼，裕民以政。彼裕民，故多余，裕民则民富，民富则田肥以易，田肥以易则出实百倍，上以法取焉，而下以礼节用之。"又曰："量地而立国，计利而畜民，度人力而授事。"《大略篇》曰："故家五亩宅、百亩田，务其业而勿夺其时，所以富之也。"《王霸篇》曰："农分田而耕，贾分货而贩，百工分事而劝。"此荀卿富国之大纲也。其富国之道，与孔、孟同，曰均、曰分、曰节而已。彼当世所谓富者，则异乎是。《富国篇》曰："今之世而不然，厚刀布之敛以夺之财，重田野之税以夺之食，苛关市之征以难其事。"《王制篇》曰："王者富民，霸者富士。仅存之国富大夫，亡国富筐箧。"儒家之富，以富民也。民富则交利，反则俱伤，富同而所以富者异也。《王制》曰："王夺之人，霸夺之与，强夺之地。夺之人者臣诸侯，夺之与者友诸侯，夺之地者敌诸侯。臣诸侯者王，友诸侯者霸，敌诸侯者危。"荀卿之所强者，利而不利之，而使之自服，所以为凝聚之道也。《议兵篇》曰："兵要在乎善附民而已。"斯儒家强兵之道，所以异于法家也。荀卿明富强之效，出于礼义，而当时言富强者之敝，显然可见，微荀卿之言，以明王道之可行，孔、孟之言几于画饼而不可啖矣。

荀卿论政，有与法家相似而实不同者，一曰统制思想。《王制篇》曰：“故奸言奸说，奸事奸能，遁逃反侧之民，职而教之，须而待之。”又曰：“才行反时者，死无赦。”夫群言淆乱，则政令不行，故凡言政者，未有不一之者也。彼法家者，非徒统制而已，且绝学愚民，以便其私，此其所以异也。二曰信赏必罚。荀子虽尝以庆赏刑罚为言，然非所以先也。《议兵篇》曰：“故庆赏刑罚执诈之为道者，傭徒鬻卖之道也，不足以合大众、美国家，故古之人羞而不道也。故厚德音以先之，明礼义以道之，致忠信以爱之，尚贤使能以次之，爵服庆赏以申之；时其事，轻其任，以调齐之，长养之，如保赤子，政令以定，风俗以一。有离俗不顺其上，则百姓莫不敦恶，莫不毒孽，若祓不祥，然后刑于是起矣。”彼法家者专恃刑赏以为治者也，故见斥于儒者，不知儒者之言，有对而发也。或者以李斯、韩非出于荀卿，而谓荀卿近于法家，异于孔、孟，则又过矣。

礼主明，分使群，故悬阶级，异上下，然而阶级之起，起于智愚，而非起于贵贱。贤能不待须而举，罢不能不待须而废。君子以德，小人以力。君子之德待小人而养，小人之力待君子而功，相须为用也。《富国篇》所谓“由士以上，则必以礼乐节之；众庶百姓，则必以法数制之”，两利之道也。君子以礼，小人以法。“礼不下庶人”，不责之以文也。“刑不上大夫”，耻以不肖居上也。王公子孙不属于礼义，则归之庶人；庶人子孙属于礼义，归之卿相士大夫。德称而后爵，能称而后官，无幸位也。然而大夫失职则幽，又非无刑，所以养其耻而称所举也。

论　学

荀卿论学，亦本于礼，重外形之学习，而不务内心之存养，与孔、孟小异。盖性善则性为主因，而学养为增上之因；性恶则师法礼义为主因，性从而化之，其归同而途殊焉。《劝学篇》曰："故木受绳则直，金就砺则利，君子博学而日参省乎己，则知明而行无过矣。"又曰："君子身非异也，善假于物也。"故其学以礼为归，礼如绳墨，所以律己。《劝学篇》曰："将原先王，本仁义，则礼正其经纬蹊径也；若挈裘领，诎五指而顿之，顺之不可胜数也。"又曰："其数则始乎诵经，终乎读礼，其义则始乎为士，终乎为圣人；真积力久则入，学至乎殁而后止也。"又曰："全之尽之，然后学者也。"此其底也。

荀子论修身之要，亦以礼为律。《修身篇》曰："宜于时通，利以处穷，礼信是也。凡用血气、志意、知虑，由礼则治通，不由礼则勃乱提僈；食饮衣服、居处动静，由礼则和节，不由礼则触陷生疾；容貌态度、进退趋行，由礼则雅，不由礼则夷固僻违，庸众而野。”其于治气养心，亦由礼以强制之。《修身篇》曰：“治气养心之术，血气刚强，则柔之以调和；知虑渐深，则一之以易良；勇胆猛戾，则辅之以道顺；齐给便利，则节之以动止；狭隘褊小，则廓之以广大；卑泾重迟贪利，则抗之以高志。”胥由礼义之强制而然。

孟子虽重外来之培养，而归于内心之自化，曰：“君子所性仁义礼知。”又曰：“礼义之悦我心，犹刍豢之悦我口。”礼义与性，合而为一。盖荀子以性为天成，礼为人伪，故离而为二。孟子曰：“养心莫善于寡欲，其为人也寡欲，虽有不存焉者寡矣。其为人也多欲，虽有存焉者寡矣。”欲谓声色臭味之欲，求不必得，即所谓命者也。求之无厌，则性不存焉。所谓性者，仁义礼知也。欲逐外而性反内。孟子修养之术，在反求诸己而收外之放心。荀卿则由礼义以为权衡，《大略篇》曰：“义与利者，人之所两有也。虽尧、舜不能去民之欲利，然而能使其欲利不克其好义也；虽桀、纣亦不能去民之好义，然而能使其好义不胜其欲利也。”荀子重于外之习染，故云然耳。《正名篇》曰：“凡语治而待去欲者，无以道欲而困于有欲者也；凡语治而待寡欲者，无以节欲而困于多欲者也。有欲无欲，生死也，非治乱也；欲之多寡，异类也，情之数也，非治乱也。”荀卿之意，欲之多寡，无关于治乱，要有以礼节之而已。故《正名篇》又曰：“心所可中理，则欲虽多，奚伤于治；心之所可失理，则欲虽寡，奚止于乱。”又曰：“性者，天之就也；情者，性之质也；欲者，情之应也。”荀卿以性情欲为得于天而所以止之之心，天乎人乎，将以为人耶，非学而能也。荀卿以性恶而起礼义，而不知礼义根于心，与孔、孟之异，即在于此。

孔、孟言天，有形象之天，有主宰之天，有自然之天。孟子曰：“尽其心者，知其性也。知其性，则知天也。存其心，养其性，所以事天也。”此谓天人合一，自然之天也。性者，人之理；天者，天之理；故尽性则知天。荀子《天论》之所反者，主宰之天也。《天论篇》曰：“故明于天人之分，则可谓至人矣。不为而成，不求而得，夫是之谓天职。如是者，虽深，其人不加虑焉；虽大，不加能焉；虽精，不加察焉。夫是之谓不与天争职。天有其时，地有其财，人有其治，夫是之谓能参。”荀卿之言，对阴阳小数者流而发，故曰：“大天而思之，孰与物畜而制之？从天而颂之，孰与制天命而用之？”其意在与天地参，以人济天功。孟子所谓天者，玄学之天，天人合一，故孟子之学，以尽性知天为极致。荀子之学，以人代天功为极致。一就性言，一就事言，区以别矣。

论心性

荀子之于心性，与孟子极相反者，在其离心而言性也。故言心则同，言性则异。

《解蔽篇》曰："夫何以知，曰心知道然后可道。"又曰："人何以知道曰心，心何以知，曰虚一而静。"又曰："心生而有知，知而有异。"《正名篇》曰："心有征知，征知则缘耳而知声可也，缘目而知形可也。"又曰："求者从所可受乎心也。"此以知觉处为心，与孟子同。孟子曰："心之官则思，思则得之。"又曰："操则存，舍则亡。出入无时，莫知其向，惟心之谓与。"皆以知觉为心也。

《正名篇》曰："生之所以然者谓之性，性之和所生、精合感应、不事而自然谓之性，性之好恶喜怒哀乐谓之情，情然而心为之择谓之虑，心虑而能为之动谓之伪。"又曰："性者，天之就也。情者，性之质也。欲者，情之应也。"《性恶篇》曰："凡性者，天之就也，不可学，不可事。"《礼论篇》曰："性者，本始材朴也。"荀卿以欲为情之应，情为性之质，欲恶则性恶。孟子言尽心知性，心性虽异，故不可离，性者不虑而得，心者缘官而知，知有是非，非性之善耶？心之知也，岂待学待事耶？孟子所谓性，欲之正也，故曰：“可欲之谓善。”而其所谓欲者，则就无节之欲言也，故曰：“其为人也寡欲，虽有不存焉者寡矣。”尽其心者，思则得之也，故曰：“知其性也。”荀子离心性为二，而以欲之过节为性，故曰性恶。

荀卿亦未尝不知性为善也。《礼论篇》曰：“两情者，人生固有端焉。”此与孟子之言四端何以异矣。惟以隆礼义，重外忽内，故为性恶之说。《非相篇》曰：“论心莫如择术。”《正名篇》曰：“故知者论道而已矣。”此其立说之根本也。荀子虽言“君子养心莫善于诚”，“虚一而静，谓之大清明”，而其于内心之涵养，故不若外形之重，其弊滋多，不亦宜乎。

老　子

道家立言，以遮为显，老子尚有所立，庄子几于无所立矣，不识其所对者，曷由知其所以立言？如堕雾中，如观幻术，几何不目迷神昏，莫知所归矣。孔、老、孟、庄，时则相接，以孔观老，以孟观庄，一遮一表，相反相成，得此而几也。

《史记》称老子语孔子曰："良贾深藏若虚。君子盛德，容貌若愚。去子之骄气与多欲，汰色与盈志，是皆无益于子之身。吾所以告子，若是而已。"此孔、老所以异欤？孔子救世心切，数以仁义之言，强进于暴人之前，削迹于鲁，伐树于宋，穷于商周，围于陈蔡，是非所谓骄气多欲、汰色盈志、无益于身乎？孔子知其不可而为之，老子则自隐无名为务，所以异趣也。老子曰："我有三宝：一曰慈，二曰俭，三曰不敢为天下先。"孔子之学，以仁为本，老子曰："夫慈，故能勇。"孔子曰："仁者必有勇。"其大本无不同，惟孔子发强刚毅，与老子之含章可贞者异也。《坤文言》曰:“坤至柔而动也刚,至静而德方。”《乾象》曰:“天行健,君子以自强不息。”“上九,亢龙有悔。用九,见群龙无首,吉。”乾,君道也,体刚而用柔。坤,臣道也,体柔而用刚。老子者,君人南面之术。孔子之教,察于人伦,明于庶物,臣之所操也。非君臣有优劣,其理不同而已。孔子书中未尝无君人之道,老子书中未尝无北面之法,就其偏胜言耳。

世俗徒见老子有“失道后德,失德后仁,失仁后义,失义后礼”之类,以为孔、老若冰炭不相容,此不达老子立言之旨耳。说详后。仁义礼为非是,慈俭诸德岂独是耶,安得忘言之人而与之言哉?

道

道之本义，相当于《易经》之易。生生之谓易，辟则为乾，翕则为坤。所谓生生者，就其力言耳。老子所谓道，《易经》所谓易，并绝言诠，方言为道，已非道也；一涉言语，便成相对。有无阴阳，难易长短，高下善恶，罔不如是。故老子曰："道可道，非常道。名可名，非常名。"万象森列，佥成相对，推本寻原，生生之功能而已。

故老子曰："两者同，出而异名，同谓之玄。玄之又玄，众妙之门。"是以老子赞道之功曰："道冲，而用之或不盈。渊兮，是万物之宗。"又曰："视之不见名曰希，听之不闻名曰夷，搏之不得名曰微。此三者不可以致诘，故混而为一。"皆不可名之名也。

凡老子书中言道，有可指说者，皆就事上而言，非此所谓道也。此所谓道，不惟有非道，即无亦非道。超有无之无即道，如有生于无，复归于无物之无，是也。"恍兮惚兮，其中有物。窈兮冥兮，其中有精。"谓之为有，谓之为无，胥不可矣。

以人合道

老子曰："执古之道，以御今之有。能知古始，是谓道纪。"老子身为史官，修道养寿，于存亡祸福之端，人事古今之变，妙识其所以然。凡百事物，皆有因缘，彼因于是，是亦因彼，有待而然者也，因其自然而为之，用力寡而成功多。老子曰："致虚极，守静笃，万物并作，吾以观其复。"察变而善应之谓也。司马迁称老子曰："虚无因应，变化于无为。"司马谈之论道家曰："无成式，无常形，故能究万物之情。不为物先，不为物后，故能为万物主。"虚无言其体，因应言其用，虚无故无常式成式，因应故不为物先物后，能尽道家之妙矣。

道不可见，夫何取法，故老子书中常取法于天地，取法于水，取法于婴儿，皆以其无心而已。老子赞无之用曰："三十辐共一毂，当其无，有车之用；埏埴以为器，当其无，有器之用；凿户牖以为室，当其无，有室之用。

故有之以为利，无之以为用。”有之云者，就其发而言也。无之云者，就其未发而言也。有为之利，即在无为之用，故曰：“无为而无不为也。”无为而无不为，孔、老之所同也。孔子曰：“无为而治者，其舜也乎。”告子张曰：“因民之所利而利之，斯不亦惠而不费乎。”与老子之言，如出一辙。

然孔子与老子亦有不同者在，老子曰：“道常无为而无不为。侯王若能守，万物将自化。化而欲作，吾将镇之以无名之朴，无名之朴，亦将不欲。不欲以静，万物将自正。”“化而欲作”以下，非老子所专有乎？世人徒知道家无为而无不为，不知其为于无为，因其为于无为，故见礼为忠信之薄，而乱之首。

长久之道

老子曰："有无相生，难易相成。长短相形，高下相倾。"此非相对之义耶？又曰："飘风不终朝，骤雨不终日。孰为此者？天地。天地尚不能久，而况于人乎？"此非无常之义耶？相对则此成彼亏，无常则莫可长保。凡相对而生者，即无常者也，长保之术将安出哉？老子曰："天长地久。天地所以能长且久者，以其不自生，故能长生。"而运之于人事之道则曰："保此道者不欲盈。"曰："功成而不居。"凡物有所成，必有所亏，老子曰："物壮则老，是谓不道，不道早已。"壮者，物之极盛而衰已起也。老子曰："居其实，不居其华。"持盈之术也。

老子生周衰文敝之世，乱端已兆，故欲持而保之。老子曰："其安易持，其未兆易谋，其脆易判，其微易散。为之于未有，治之于未乱。"非周之始衰前识者之言乎？老子不贵前识，恶华也。老子曰："天下皆知美之为美，斯恶矣；皆知善之为善，斯不善矣。"夫仁义智慧，孝慈忠臣，相对而起，非绝对之善，而美言可以市，尊行可以加人，务于华而去实远矣。老子曰：“绝圣弃智，民利百倍。绝仁弃义，民复孝慈。绝巧弃利，盗贼无有。此三者，以为文不足，故令有所属。见素抱朴，少私寡欲。”此即所谓“化而欲作，吾将镇之以无名之朴”者也。仁义起于大道之废，孝慈生于六亲之不和，老子且自言之也，其所以绝弃圣智者，圣智且不足尚，而况于不圣不智乎？

老子之所绝弃者，孔子之所奖励者也。孔子以孝慈化不孝不慈，老子则欲使不孝不慈者孝慈，而无所事孝慈之名。然道家之用，无为而无不为，因时而为法者也，既六亲不和而后有孝慈，欲使之一反于孝慈，将以不孝慈者就孝慈乎，抑将以孝慈者就不孝慈者乎？故老子之所言者，其最高之理想也，对当世之务于名而忽于实者言耳。老子最高之目的曰道、曰朴，其着手则曰反、曰复，其对治时病而立之目的曰去甚、去奢、去泰，而着手则曰无为而无不为，前以治本，后以治标；前者用之于至盛之时，后者用之于将乱之时；后者孔、老之所同，前则老子所专有也。其绝弃圣智、粃糠仁义者，法界周流，一切名言，皆在排遣，故唯曰朴、曰无、曰一而已。

南面之术

人君居九五之位，以至刚之体，必假至柔之用，故《汉书·艺文志》论道家云：“合于尧之克攘，《易》之嗛嗛，此君人南面之术也。”老子之书，故非专明主术，惟老子之道，谦弱卑下为表，故于君人之术，尤相契焉。

专言其术，则有数义可得而说：一曰先无利人之心。老子曰：“执大象，天下往，往而不害，安平泰。”谓此义也。二曰因民之所利而利之。老子曰：“圣人无常心，以百姓之心为心。”谓此义也。三曰大仁无私惠。老子曰：“天地不仁，以万物为刍狗。圣人不仁，以百姓为刍狗。”谓此义也。四曰自贵而轻外。老子曰：“故贵以身为天下者，可以寄天下；爱以身为天下者，可以托天下。”谓此义也。此四者，其大本也，孔、孟之所同。

老子所专有者，一曰以静制动。老子曰：“致虚极，守静笃，万物并作，吾以观其复。”谓此义也。二曰君逸臣劳。老子曰：“重为轻根，静为躁君，是以圣人终日行，不离辎重，虽有荣观，燕处超然；奈何万乘之主，而身轻天下，轻则失臣，躁则失君。”谓此义也。三曰秉要制事。老子曰：“朴散而为器，圣人用之，则为官长。”谓此义也。四曰不可尝试。老子曰：“知者不言，言者不知。塞其兑，闭其门，挫其锐，解其纷，和其光，同其尘，是谓玄同。不可得而亲，不可得而疏，不可得而利，不可得而害，故为天下贵。”谓此义也。五曰弱以制强。老子曰：“将欲歙之，必固张之。将欲弱之，必固强之。将欲废之，必固兴之。将欲夺之，必固与之。是谓微明。柔胜刚，弱胜强。鱼不可脱于渊，国之利器不可以示人。”谓此义也。此五义者，所以驭臣也。韩子得之，专为人主利器，失其本心，而窃其术，圣智之法以资盗跖之行，非所谓为虎傅翼者乎？老子岂及料哉？

至于老子所以驭民，则如保赤子。老子曰：“圣人无常心，以百姓之心为心。善者吾善之，不善者吾亦善之，德善矣。信者吾信之，不信者吾亦信之，德信矣。圣人在天下，歙歙焉为天下浑其心，百姓皆注其耳目，圣人皆孩之。”“善者吾善之，不善者吾亦善之，信者吾信之，不信者吾亦信之”，即老子所谓“常善救人，故无弃人；常善救物，故无弃物”之义也。“歙歙焉为天下浑其心”者，即老子所谓“非以明民，将以愚之”之义也。老子视民如赤子，故无可弃之人，欲使民各安其食、美其服，故使天下浑其心。所谓愚者，对智而言，散言之，即“浑其心”之谓也，其愚民也，岂专制人君之愚民所可同日而道哉？

老子之道，以慈为本，五千言皆慈心之所发也，而所达此慈心之求者则曰道。老子曰：“道者万物之奥，善人之宝，不善人之所保。”圣人者，故无利天下之心也，老子曰：“以道莅天下，其鬼不神。非其鬼不神，其神亦不伤人。非其神不伤人，圣人亦不伤人。夫两不相伤，故德交归焉。”和之至矣。

非　战

周衰，诸侯相兼并，战伐四起。自林唐翁作《诸侯兴废表》以次诸家所考得者，凡灭国一百有余，不见于载籍者不与。战争之祸，概可想见。卫灵公问陈而孔子不答，有以也夫。

老子目击兵祸之烈，因兴非战之论，曰："以道佐人主者，不以兵强天下，其事好还。师之所处，荆棘生焉。大兵之后，必有凶年。"又曰："佳兵者，不祥之器，物或恶之，故有道者不处。"痛之深矣。然空言不能止祸，乃为说曰："大国者下流。天下之交，天下之牝。牝常以静胜牡，以静为下。故大国以下小国，则取小国。小国而下大国，则取大国。故或下以取，或下而取。大国不过欲兼畜人，小国不过欲入事人。夫两者各得其所欲，大者宜为下。"此与孟子言"以大事小者，乐天者也；以小事大者，畏天者也。乐天者保天下，畏天者保其国"略同。

惟老子言小国"欲入事人"，是国亡而不亡，此春秋与战国情形之异也。古者诸侯之于天子，不过朝贡而已，即春秋霸主，亦不过欲行其号令于中国，无利土地之心，人不足于地故耳。春秋初年，诸侯灭人之国，初不过欲其服已，故齐人灭遂，而使人戍之，遂人歼齐，是当时尚未干涉其内政，惟使人戍之，使不敢叛而已。灭国为县，始于晋楚，然苟能服其政令者，亦尚可置为县令。郑伯对楚子曰："使改事君，夷于九县，君之惠也，孤之愿也。"是必当时有例可沿，故郑伯如是云尔。老子之言，皆就春秋时势立说，至于战国，则未有入事人而能保其国者也。此与下去智、尚俭诸端，皆可以证明《老子》为春秋时书。

惟此乃大国之所操，故老子复教大国取天下之道，以并吞之祸皆起大国也。曰："取天下常以无事，及其有事，不足以取天下。"又曰："为无为，事无事，味无味。大小多少，报怨以德。图难于其易，为大于其细。天下难事，必作于易。天下大事，必作于细。是以圣人终不为大，故能成其大。"是欲大国以德服人而不以力也。老子言"和大怨必有余怨"，可知"报怨以德"为大国畜小国之道。又曰："乐杀人者，不可以得志于天下。"又曰："以无事取天下。"是言战争之无益于取天下也。

老子销兵之术如是。其流兵权谋者，法固不能禁人之不用已也。

去 智

孟子曰："天下之言性也，则故而已矣。故者以利为本。所恶于智者，为其凿也。如智者若禹之行水也，则无恶于智矣。禹之行水也，行其所无事也。如智者亦行其所无事，则智亦大也。"此孟子释老子之辞。故者以利为本，谓墨子也。《墨经》曰："故者，有所待而后成也。"庄子亦云："去智与故，循天之理。"是"故"与"智"为当时学术界之术语。使老子不在孟子之前，则孟子之言无根据。老子之所谓"无为而无不为"者，非孟子所谓"行其所无事"乎？老子所谓"不知常，妄作凶"，非孟子所谓"所恶于智者，谓其凿也"乎？道家反对智慧，儒家尊崇智慧。孟子知道家所反对者非儒家所谓智慧，又恐人疑惑，故为此说，以明道家所反对者应反对，儒家所尊崇者应尊崇。道家之反对之者，为其凿也；儒家之言智，行其所无事也。由是可知孟子于道家之非毁仁义无所辩议，皆此类也。

老子曰："小国寡民，使民有什佰之器而不用，使民重死远徙。虽有舟舆，无所乘之。虽有甲兵，无所陈之。使民复结绳而用之。甘其食，美其服，安其居，乐其俗。邻国相望，鸡犬之声相闻，民至老死不相往来。"盖谓不知妄作之人说也。如此则一切无所用，虽欲扰民，不可得也。老子常言"治大国若烹小鲜"，"为无为，事无事"，其器何止于此？近人不达此意，竟以比傅西人之言，不亦诬乎？老子曰："绝学无忧。"又曰："使夫智者不敢为也，为无为，则无不治。"此深恶乎智者之言也。又曰："勇于敢则杀。"又曰："代大匠斲，奚不伤其手矣。"此深戒乎智者之言也。老子之深恶乎智者，其意可深长思矣。

尚　俭

老子之学，主于收敛，收敛即所以为发扬。老子曰："我有三宝，二曰俭，俭故能广。"此以收敛为发扬耳。

儒家以礼为主，取乎有节，以孔、孟之言节制物欲，而于礼之所在，亦不以俭为尚。墨家崇俭，由于物不供求，墨子之行，同勇于敢者，与道家似同而实异。老子言不俭之害曰："罪莫大于可欲，祸莫大于不知足，咎莫大于欲得。"老子言俭之利曰："治人事天，莫若啬。夫唯啬，是谓早服。早服之谓重积德，重积德则无不克，无不克则莫知其极。莫知其极，可以有国。有国之母，可以长久。是谓深根固柢、长生久视之道。"老子之主收敛视各家为甚，盖鉴于当时之欲望无穷，内则有食税之重，外则有侵夺之祸，而人生所求，不过衣食，足以不死而已，其余之求皆为过分。故老子主清心寡欲，而贵其在己者，孟、庄二子多衍其说。墨家向外追求，无内心修养，故其尚俭也，实迫于物之不足，非心安于此，故墨者宋钘倡“见侮不辱”之教以寝兵，倡“情欲寡”之教以尚俭，皆所以为内心之根据也。庄子批评宋钘、尹文曰：“以禁攻寝兵为外，情欲浅寡为内。”“情欲浅寡”固得于道家，即“禁攻寝兵”之根据，亦受道家影响也。故宋、尹之学，与墨子极不相似，此学术之变也。

老子之教，以刚为体，以柔为用，故尚柔。尚柔，尚啬，不敢为天下先，皆自内心收敛而来，既不同于强制情欲，亦不同于懦弱无用，信古之博大真人哉！

庄　子

《天下篇》曰："以天下为沈浊，不可与庄语，以卮言为曼衍，以重言为真，以寓言为广。"此庄子立言之体也。又曰："其书虽瑰玮，而连犿无伤也，其辞虽参差，而諔诡可观。"此庄子属辞之体也。又曰："上与造物者游，而下与外死生、无终始者为友。"此言庄子之为人也。又曰："其于本也，宏大而辟，深闳而肆；其于宗也，可谓稠适而上遂矣。"此言庄子之学也。

《史记》论庄子之学，亦曰："归本于老子之言。"今以老庄比观，庄子实有加进，所谓辟肆适遂，信非诬词。老子见相对无常之理，而立于长久之道。庄子衍其说，以相对而转于无待，以无常而转于不死不生。老子之学归于治天下，庄子则曰："孰肯敝敝焉以天下为事"，"其土苴以治天下"。老子之学，无之以为用，庄子则以无用为大用。谓之偏得老子之术可也，谓之光大老子之术亦可也。

性命之情

庄子之书，一言以蔽之，曰“复其性命之情而已”；其所非刺者，则逆于性命之情者也。儒家语仁义礼乐，庄子则视同尘垢粃糠。儒家之所尊者，仁义礼乐之情；庄子之所非者，仁义礼乐之迹。

孟、庄同时，其所感受，无不相同，其所以对治之方则异。孟子曰：“恻隐，仁之端；羞恶，义之端；辞让，礼之端；是非，智之端。”又曰：“仁义礼智，非由外铄我也，我固有之也。”又曰：“君子所性，仁义礼智根于心。”又曰：‘礼义之悦我心，犹刍豢之悦我口。”融仁义性命而为一，故非削足以适履，由仁义行，非行仁义也。庄子毁尧、舜，薄汤、武，斥儒、墨，诋曾、史，皆以其非人之性，而乱天常，盖有所对而发。故庄孟所指之尧、舜、孔丘，其名则一，其实则非也。《骈拇篇》曰：“骈拇枝指，出乎性哉，而侈于德；附赘悬疣，出乎形哉，而侈于性。多方乎仁义而用之者，列于五藏哉，而非道德之正也。”又曰:“彼正正者，不失其性命之情。”又曰:“意仁义其非人情乎。”又曰:“自有虞氏招仁义以挠天下也，天下莫不奔命于仁义，是非以仁义易其性与?”《在宥篇》曰:“天下将安其性命之情，之八者，存可也，亡可也?天下将不安其性命之情，之八者，乃始脔卷獊囊而乱天下也。”《天道篇》曰:“请问仁义，人之性与?”《天运篇》曰:“余语女三皇五帝之治天下，名曰治之，而乱莫甚焉。三皇之治，上悖日月之明，下睽山川之精，中堕四时之施，其知憯于蛎虿之尾，鲜规之兽，莫得安其性命之情。”

庄子书中如此类者，不暇缕举，盖见当时学者溺于所闻，而不求自得，一切殉人，故为此言矣。奚以知其然耶?道二，仁与不仁而已。庄子既不许仁，亦不许不仁，而一则曰“性命之情”，再则曰“循天之理”，而无所立名。天理性情之发于事，非仁义圣智欤?《骈拇篇》曰:“伯夷死名于首阳之下，盗跖死利于东陵之上，二人者所死不同，其于残生伤性均也。”《在宥篇》曰:“昔尧之治天下也，使天下欣欣焉人乐其性，是不恬也。桀之治天下也，使天下瘁瘁焉人苦其性，是不愉也。”既不许为尧、舜、伯夷，又不许为桀、纣、盗跖，而曰:“上不敢为仁义之操而下不敢为盗跖之行。”曰:“与其誉尧而非桀，莫若两忘而化其道。”然则庄子之意，概可见矣。

老子曰：“绝圣弃知，民利百倍。绝仁弃义，民复孝慈。绝巧弃利，盗贼无有。此三者，以为文不足，故令有所属，见素抱朴，少思寡欲。”庄子之所以掊击圣智，实本于老子之言，惟时之相后，民愈离朴，群言淆乱，爱恶相攻，故引而伸之，触而长之，使人复还其性，莫之为而常自然。庄子虽无所立，必有所去，去恶而善存焉。故读其书，不可以不知其所对也。

平等之义

一切平等，事理如是。不安其性，而淫于外物，则爱恶形焉，是非彰焉。爱恶之形，是非之彰，道之所由丧也。凡物之形，相待而起，生灭无常。自其形视之，则兄弟异貌；自其性视之，则万物皆一。庄子《齐物》之论，所以阐平等之义者也。

其立言之旨，在于“道未始有封，言未始有常”。无封无畛，物之性也，是非善恶，佥不得言，物有分位，心有征知，而后名言以起，于是物我分焉。自是而非彼，欲解其桎梏，而益之以辩，则影形竞走，穷向以声，容有已时。《齐物论》曰：“以指喻指之非指，不若以非指喻指之非指也。以马喻马之非马，不若以非马喻马之非马也。”此庄子复性之术矣。诸子各思以其学易天下，自贵而轻人，自是而非彼，彼一是非，此一是非，是非旋转，谁使正之？庄子以道为宗，而万物毕罗，故曰：“和之以天倪。”“休乎天钧。”“可乎可，不可乎不可。然于然，不然于不然。物固有所然，物固有所可。物恶不然，物无不可。”此物性平等之真义欤？《齐物论》曰：“形固可使如槁木，而心固可使如死灰乎？”槁木死灰，则物我两忘，故曰：“吾丧我。”道者，天籁也；诸子之是非，地籁也。知风之作，则无所骇于众窍之声，而平等也。故庄子之学，归于“惟是不用而寓诸庸。庸也者，用也。用也者，通也。通也者，得也。适得而几已，因是已。”盖以道解其桎梏，而混然之道何益于有形之庶物，故庄子于百家众流，无不取也。

仁义之端，是非之途，樊然淆乱，奚为至哉。《齐物论》曰：“大知闲闲，小知间间。”求之知识而不可得也。“大言炎炎，小言詹詹。”求之语言而不可得也。“与接为构，日以心斗。缦者，窖者，密者。”求之心而不可得也。“乐出虚，蒸成菌。”求之物而不可得也。“日夜相代乎前，而不知其所萌。”求之时而不可得也。“非彼无我，非我无所取，是亦近矣，而不知其所为使。”求之物与我而不可得也。“百骸九窍六藏，赅而存焉，吾谁与为亲，汝皆说之乎，其有私焉。”求之心骸而不可得也。一切皆无所可得，而是非樊然，由于道散而有封有畛以起之矣。

《齐物论》曰：“彼出于是，是亦因彼。”此彼是平等也。“方生方死，方死方生。”此生死平等也。“因是因非，因非因是。”此是非平等也。“毛嫱、丽姬，人之所美也，鱼见之而深入，鸟见之而高飞，麋鹿见之而决骤。”此美恶平等也。“民湿寝则腰疾偏死，鳝然乎哉；木处则惴慄恂惧，猨猴然乎哉。”此好恶平等也。“丽之姬，艾封人之子也，晋国之始得之，涕泣沾襟，及其至于王所，与王同筐床，食刍豢，而后悔其泣也。”此利害平等也。“天下莫大于秋毫之末，而大山为小；莫寿于殇子，而彭祖为夭。”此大小长短平等也。“庄周梦为胡蝶，栩栩然胡蝶也，自喻适志与，不知周也，俄然觉，则蘧蘧然周也。不知周之梦为胡蝶与？胡蝶之梦为周与？”此物我平等也。平等之义，非齐不平而为平，复其本性之恒然而已。《骈拇篇》曰：“彼正正者，不失其性命之情，故合者不为骈，而枝者不为跂，长者不为有余，短者不为不足。是故凫胫虽短，续之则忧；鹤胫虽长，断之则悲。故性长非所短，性短非所续，无所去忧也。”此平等之真义也。

《秋水篇》曰：“以道观之，物无贵贱。”庄子之所以遣百家言也。道散为器，是非判然，安于性命之情，与逆于性命之情者，岂能齐哉？

自由之义

物性平等，则自性具足，无事外求，各安其分而已。庄子《逍遥游》之所阐明者，其义在是。

鲲鹏之大，而不自知其大；蜩鸠虽小，而不自知其小；朝菌虽夭，而不自知其夭；大椿虽寿，而不自知其寿，性自足也。“覆杯水于坳堂之上，则芥为之舟；置杯焉则胶。”乱其性也。“宋人资章甫适诸越，越义短发文身，无所用之。”悖其效也。“大浸稽天而不溺，大旱金石流、土山焦而不热。”得其性命之情而物莫之伤也。夫所谓自由者，物物而不物于物，得己之得，而不知其所以得，无所待于外也。

故庄子之自由，以去待为本，曰：“若夫乘天地之正而御六气之辩，以游于无穷者，彼且恶夫待哉？故曰至人无己，神人无功，圣人无名。”郭象释之曰：“故乘天地之正者，即是顺万物之性也。御六气之辩者，即是游变化之途也。如斯而往，则何往而有穷哉？所遇斯乘，又将恶乎待哉？此乃至人之至，玄同彼我者之逍遥也。苟有待焉，则虽列之轻妙，犹不能无风而行，故必得其所待，然后逍遥耳，况大鹏乎？夫唯与物冥而循大变者，为能无待而常通，岂自通而已哉，又顺有待者使之不失其所待，所待不失，则同于大通矣，故有待无待，吾所不能齐也，至于各安其性，天机自张，受而不知，则吾所不能殊也。”可谓曲尽其致。虽然，自物性之平等视之，则有待无待一齐；自物之自由视之，则有待无待殊矣。故知效一官、行比一乡、德合一君而征一国者，所以见小于庄子也。老子曰：“有无相生，难易相成。长短相形，高下相倾。声音相和，前后相随。”此老氏明相待之义也。老子见物理皆相待而然，故以不居守之；不居，则彼此两忘也。庄子衍其说，而倡无待之义。无待者，顺天地之自然，而无所用私意也。虽有待于外，而不知有所待。

《大宗师》曰：“故圣人将游于物之所不得遁而皆存。善妖善老，善始善终。”又曰：“为物无不将也，无不迎也，无不成也，无不毁也。”视老妖始终为一贯，将迎成毁为一条，夫何往而不自由哉？

养生之义

老子曰："故贵以生为天下者，可以寄天下；爱以身为天下者，可以托天下。"老氏之术，主于收敛，以退为进，以弱为强，身者天下之本，大而天下，小而一身，故必先由身始，故未尝以天下为不足为也。《逍遥游》曰："之人也，之德也，将磅礴万物以为一，世蕲乎乱，孰弊弊焉以天下为事！是其尘垢粃糠犹将陶铸尧、舜者也，孰肯以物为事！"《让王篇》曰："道之真以治身，其绪余以为国家，其土苴以治天下。"由此观之，帝王之功，圣人之余事也。天下事，皆己分内事也，治身而及天下可也，舍天下而治身不可也。庄子之言，倘亦有所激而然者与？

战国之士，贪冒无耻，溺于物欲，不能自出，故庄、孟二书，皆遗荣养性。孟子曰："人人有贵于己者，弗思耳。"又曰："君子有三乐，而王天下不与存焉。广土众民，君子欲之，所乐不存焉；中天下而立，定四海之民，君子乐之，所性不存焉。君子所性，虽大行不加焉，虽穷居不损焉，分定故也。”《缮性篇》曰：“乐全之谓得志。古之所谓得志者，非轩冕之谓也，谓其无以益其乐已矣。今之所谓得志者，轩冕之谓也。轩冕在身，非性命也，物之傥来寄者也。寄之其来不可圉，其去不可止。故不为轩冕肆志，不为穷约趋俗。”是以孟子耻为人臣而为王者师，庄子言让王，不得已而临涖天下，与当世悠悠风尘奔竞之士，互相映照，深可味矣。明乎内外之分，辨乎荣辱之境，故能自足乎己而不外求，庄、孟二子之于内心修养，阐发尤至，亦时为之耳。孟子之修养，则曰：“君子亦仁而已矣。”庄子之修养，则曰：“缘督以为经。”惟儒家明是非，道家则不言是非之名，故曰：“为善无近名，为恶无近刑。”

养生者，庄子所谓可以尽年，终其天年而不中道夭之谓，故又曰：“常因自然而不益生也。”养生对戕生而言，因其性命之常，善夭善老，而不强为，与求寿者异。《刻意篇》曰：“吹呴呼吸，吐故纳新，熊经鸟申，为寿而已矣。此道引之士、养形之人、彭祖寿考者之所好也。”庄子之所养者心，养心者不为物所丧而已。孟子曰：“养心莫善于寡欲。其为人也寡欲，虽有不存焉者寡矣。其为人也多欲，虽有存焉者寡矣。”庄子亦曰：“其耆欲深者，其天机浅。”二家之所对治者欲也，欲多则淫于外，故庄子于外物遗荣之理，发之尤详。

惟儒家养心之术，在启发其仁心，节之以礼义；道家则一欲因其自然，而视一切有为皆为多事。《缮性篇》曰：“缮性于俗，俗学以求复其初，滑欲于俗，思以求致其明，谓之蔽蒙之民。古之治道者，以恬养知，知生而无以知为也，谓之以知养恬。知与恬交相养，而和理出其性。”此盖对溺于学而丧其性者发耳。《养生主篇》，专明养生之术者也，庖丁解牛，所以明因其固然之理也。公文轩见右师而惊，所以明不以人助天之理也。泽雉不蕲畜乎樊，所以明不以养形而害生之理也。老聃之死，所以明不死不生之理也。指穷于为薪，所以明忘生死之理也。

《达生篇》曰：“壹其性，养其气，合其德，以通乎物之所造。夫若是者，其天守全，其神无郤，物奚自入焉？夫醉者之墜车，虽疾不死，骨节与人同，而犯害与人异，其神全也，乘亦不知也，墜亦不知也，生死惊惧，不入乎其胸中，是故逆物而不慴。彼得全于酒而犹若是，而况得全于天乎？圣人藏于天，故莫之能伤也。”故庄子养生之术，全其天而已。依乎天理，不以人助天，不以养形而害生，不死不生，忘死生诸义，皆所以全天也。

处世之义

《外物篇》曰："外物不可必，故龙逢诛，比干戮，箕子狂，恶来死，桀、纣亡。人主莫不欲其臣之忠，而忠未必信，故伍员流于江，苌弘死于蜀，藏其血三年，化而为碧。人亲莫不欲其子之孝，而孝未必爱，故孝己忧而曾参悲。"盖人之所可必者在己，而不可必者在人，尽其在己者，而顺乎在人者，则儒道两家之所同。孟子曰："夭寿不贰，修身以俟之，所以立命也。"庄子曰："自事其心者，哀乐不易施乎前。知其不可奈何，而安之若命，德之至也。"二家处世，以立命为至，此其大同。惟道家主收敛，偏于退耳。

《人间世篇》，庄子处世之方具焉，无可如何之时，亦惟退而隐处，故终之曰："山木自寇也，膏火自煎也。桂可食，故伐之；漆可用，故割之。人皆知有用之用，而莫知无用之用也。"庄子弃外遗荣，物之来也不拒，其去也不止，而在乎我者固自足矣。故庄子书中恒发此意，

《逍遥游》《人间世》《山木》诸篇，皆以此为归，其道邻于遁世。老子曰："不敢为天下先。"不敢为者，非不欲为也。庄子曰："无用为用。"夫通常所谓用者，在于外者也；庄子所谓用者，在于内者也。内外一体，帝王之功，圣人性中之事也，而得不得，无损益其性。庄子偏于贵生，故云然耳。《人间世》曰："匠石归，栎社见梦曰：'女将恶乎比予哉？若将比予于文木邪？夫柤梨橘柚果蓏之属，实熟则剥，剥则辱；大枝折，小枝泄。此以其能苦其生者也，故不终其天年而中道夭，自掊击于世俗者也。物莫不若是。且予求无所可用久矣，几死，今乃得之，为予大用。使予也而有用，岂得有此大也邪？'"故知庄子之以无用为大用，亦安时而处顺，非有求于此。《人间世》曰："天下有道，圣人成焉。天下无道，圣人生焉。"圣人生焉，即无用之用也。

至于入世之道，一曰虚己，二曰义命，三曰玄同。颜回见仲尼，所以明虚己之理也。叶公子高将使于齐，所以明义命之理也。颜阖将傅卫灵公太子，所以明物我玄同之理也。此三德者，所操在己亡乎人，在人者虽不可必，而哀乐不入于胸，任化而不自知其所由然，物又奚能丧之哉？

无为而治

老子曰："无为而无不为。"因其自然而为之之谓也。庄子散道德放论，要亦归之自然。

《德充符》明不言之教，而人自归之。《应帝王》明无为之治，君人之术也。有君人之德，有君人之术，何往而不利哉？《应帝王》齧缺问于王倪，肩吾问狂接舆，明无为之治也。天根游于殷阳，明无利天下之心也。有君人之德，无利人之心，如是而后可行君人之术，"阳子居见老聃""郑有神巫曰季咸"二节之所明者是也。曰："明王之治，功盖天下而似不自己，化贷万物而民弗恃，有莫举名，使物自化，立乎不测，而游于无有者也。"又曰："乡吾示之以未始出吾宗。吾与之虚而委蛇，不知其谁何，因以为弟靡，因以为波流。"

夫曰"立于不测"，曰"未始出吾宗"者，皆君人南面之术也。所以能致此者，复明之曰："无为名尸，无为谋府，无为事任，无为知主。体尽无穷，而游无朕。尽其所受于天，而无见得，亦虚而已。”虚则使人不可测，无为谋府事任，则臣下得效其能。《天道篇》曰：“夫帝王之德，以天地为宗，以道德为主，以无为为常。无为也，则用天下而有余；有为也，则为天下用而不足。故古之人贵乎无为也。上无为也，下亦无为也，是下与上同德，下与上同德则不臣。下有为也，上亦有为也，是上与下同道，上与下同道则不主。上必无为而用天下，下必有为为天下用，此不易之道也。”由是可知无为者，君德也。君体刚而用柔，故王侯自称孤寡不榖，以贱为本。虚则莫能窥，贱则莫能加，无为而臣下陈力，老子无为之效，待庄子而益明矣。

墨　子

墨子学术之渊源有二:《吕氏春秋·所染篇》云:“鲁惠公使宰让请郊庙之礼于天子。桓王使史角往,惠公止之。其后在鲁,墨子学焉。”此其一也。《淮南·要略篇》云:“墨子学儒者之业,受孔子之术,以为礼烦扰而不悦,厚葬靡财而贫民,久服伤生而害事,故背周道而用夏政。”此其二也。

《汉书·艺文志》谓:“墨家出于清庙之守。”近世学者颇非之,不知古者学任天官、史卜、宗祝,为文物之权舆,证之本书尊天明鬼之教,盖可信矣。况吕氏之言,又先班氏而发之与?孔子称禹之功曰:“菲饮食而致孝乎鬼神,恶衣服而致美乎服冕,卑宫室而尽力乎沟洫。”与墨子之言夏道,大略相同。丧祭之礼,儒者之所称述,亦前质后文,墨子之言礼,可征非诬。惟儒者生文胜之世,不欲举鄙朴之制而强人行之耳。墨子之学,以天志为本,不言天志,则兼爱无根,尚同无据。

东周以前，吾国学术，以天为教者也，《诗》《书》所记，厥明彰矣。民智日启，神道设教，其用不神，孔、老有作，则反求本心，以为道德伦理根据，而纳民于斯轨之中。墨子见尧、舜、禹、汤、文、武、成、康之盛，敬事天地，而以周末敝乱归于天教不明。故孔、老虽前，新教也；墨子虽晚，旧教也。《淮南》所谓“背周用夏”者，专就改文从质而谈，至其学术思想之本源，实出于清庙之守，史角则其先师。

吾国学术，古掌于巫史，阴阳家是其正传，儒家取其礼文，而去其怪妄，益以性天之学，以名其家。墨家出于清庙，与阴阳家最为近。《史记》谓邹衍之学“归本于仁义、节俭、君臣、上下、六亲之施”，与墨子大同。惟阴阳家之蔽，流于机祥小数；墨家以实利为归，不信禁忌，所以异矣。故墨子之学术渊源本于儒与史角，以天志为本，以利用为归。

天　志

《鲁问篇》曰：“国家昏乱，则语之尚贤、尚同；国家贫，则语之节用、节葬；国家熹音湛湎，则语之非乐、非命；国家淫僻无礼，则语之尊天、事鬼；国家务夺侵凌，即语之兼爱、非攻。”斯十义者，墨子之所立也。虽然，此皆就救敝而言。若夫墨子之学术系统，故有轻重，如人之一身五官百骸，皆有所用，而心实为之官。天志则墨子学术之心也。

墨子学术思想，莫重于兼爱、尚同。以不相爱为乱之所起，故以“兴天下之利，除天下之害”为归。国与国之相攻，家与家之相篡，人与人之相贼，皆由不相爱而来。人能相爱也，而无以一之，一人一义，十人十义，亦大乱之道，故尚同者，所以齐一之。非攻，由兼爱之义而非之也。节用、节葬、非乐，由于无利而非爱人也。尚贤，尚同之实也。非命，为其妨于贤也。明鬼，所以督之使贤也。故非攻、尚贤、非乐、明鬼、非命、节用、节葬七义，可以兼爱、尚同统之。兼爱、尚同又以天志为之根据，不可不察矣。

《天志上》曰："顺天意者，兼相爱，交相利，必得赏。反天意者，别相恶，交相贼，必得罚。"《兼爱下》曰："今天兼天下而食焉，我以此知其兼爱天下之人也。"是非兼爱之说本于天志乎？《天志上》曰："天子未得次己而为政，有天政之。"《尚同中》曰："天子而未尚同乎天者，则天灾将犹未止也。"是非尚同之说本于天志乎？《天志上》曰："我有天志，譬若轮人之有规、匠人之有矩。轮匠执其规矩，以度天下之方员，曰中者是也，不中者非也。"是天志为墨学根本，墨子固自言之，不可诬也。

吾国道德伦理根据，在孔、老以前，皆本于天志。天秩天讨，皆是也。自孔、老以来，始反求本心。惟道家以遮为显，与儒家异。墨子之学，一本于古，其所谓义，皆以天为根。茫茫天意，何从而知之，以祸福察之也。《天志上》曰："昔三代圣王禹、汤、文、武，此顺天意而得赏者。昔三代之暴王桀、纣、幽、厉，此反天意而得罚者也。然则禹、汤、文、武其得赏何以也？子墨子言曰：其事上尊天，中事鬼神，下爱人。故天意曰：此我之所爱，兼而爱之；我之所利，兼而利之。然则桀、纣、幽、厉得其罚何以也？子墨子言曰：其事上诟天，中诬鬼，下贼人。故天意曰：此我之所爱，别而恶之；我之所利，交而贼之。”兼爱交利，墨教之主旨也，而其本则在于天，其所以得赏罚者，以顺天逆天为判。爱与利，墨子所谓义也；恶与贼，墨子之所谓不义也。《天志上》曰："天欲义而恶不义。”故墨家所谓义，非自心出者也。墨子所谓天，与初民无异，谓有意志。《天志中》曰："若毫之末，非天之所为也。”俞樾云："非上脱无字。”此以天为造物之主也。又曰："然则孰为贵，孰为知？曰：天为贵，天为知。”此以天为贵且知也。又曰："天子为善，天能赏之。天子为暴，天能罚之。天子有疾病祸祟，必斋戒沐浴洁为酒醴粢盛以祭祀天鬼，则天能除去之。”此以天为威权而公平也。《鲁问篇》曰："夫天之有天下也，亦犹君之有四境之内也。”此以天为天下之主也。

然而墨子虽尊天，其所征验，亦在于人，故每以天鬼百姓对称。《春秋》以天统君，礼莫隆于郊祀，天子以下，则不得父天母地，天视自我民视，天听自我民听。惟儒家仅藉天以统君而已，斯其别焉。

兼　爱

墨子见天下之乱，起于不相爱，故矫之以兼爱。孔、老皆曰泛爱，仁心充塞，于物无不爱也。爱者心之理，其起有待。儒家亲亲而仁民，仁民而爱物。其归亦兼爱，其始则有差等，所以异也。故墨子兼爱之不可通者，非在其偏与不偏，非在其难与易，乃在其无缘耳。孟子曰："墨子兼爱，是无父也。"古今善论墨学者，无过斯言。此亦儒、墨两家根本不同之点，其余虽同，无益其为异矣。

儒家所谓伦理道德，以祖为本，墨家则以天为本。儒家之学，自周公以来，已启其端，自孔子以后而大明，丧服为嫡长子三年，昏礼冕而亲迎，一则以传重为说，一则以求助为说，至于立身行道，皆以不忘亲为归。虽然，此非太古之说也。《戴记》曰："万物本乎天，人本乎祖。"《谷梁》曰："独阴不生，独阳不生，独天不生，三合然后生，故曰母之也可，天之子也可。"荀卿曰："礼有三本。天地者，生之本也；先祖者，类之本也；君师者，治之本也。"于儒家学说中，尚可以考见旧来人出于天之遗迹。《天志上》曰："然则何以知天之爱天下之百姓，以其兼而明之。何以知其兼而明之，以其兼而食焉。"此墨子兼爱之根据也。自事实言之，人从有生，三年然后免于父母之怀，教养之恩，昊天罔极，自天而视之，则视人之父若其父，无不可也；自人而视之，则视人之父若其父，何缘而起此心哉？墨子之短丧节葬，谓其害事也，谓其靡财也，非尽心之义也。制为丧葬之礼，所以副情，非直为观美，然后快于人心，墨子之心安乎？使兼爱之情发于性中，则必不安于薄其亲；使出于事之利害而兼爱，则兼爱不出于至诚，伪必不可久，此墨学之蔽也。至诋儒家之慕父母为至愚，尤非仁者之言，无惑乎孟子斥之为禽兽。故儒、墨之异，在此不在彼。苟徒在事上校量得失，虽驩兜滔天之词，复何益矣。

《兼爱下》曰："使其一士者执别，使其一士者执兼。是故别士之言曰：'吾岂能为吾友之身若为吾身，为吾友之亲若为吾亲？'是故退睹其友，饥即不食，寒即不衣，疾病不侍养，死丧不葬埋。别士之言若此，行若此。兼士之言不然，行亦不然，曰：'吾闻高士于天下者，必为其友之身若为其身，为其友之亲若为其亲，然后可以当高士于天下。’是故退睹其友，饥则食之，寒则衣之，疾病侍养之，死丧葬埋之。兼士之言若此，行若此。”墨子所谓别士者，直禽兽也，儒家固不如此。儒家推恩，爱有厚薄，无不爱也，而由亲始。墨家诚如此，则无以异于儒；不如此，则爱心何自起？墨子徒欲矫天下之敝，而为过激之言，其说无根。惠施言天地万物一体，所以为兼爱立根据也。夷之言“爱无差等，施由亲始”，此则用儒家“施由亲始”之说，以调和墨家“爱无差等”之说也。即以一体而论，爱元首与爱毛发亦不无轻重先后，养其小而失其大，岂非狂惑之人哉？

墨子尝以爱利志功对举，爱者志也，利者功也，而爱利志功，往往不能相应。儒家偏于爱志，墨家偏于利功。《大取篇》曰：“天之爱人也，薄于圣人之爱人也；其利人也，厚于圣人之利人也。大人之爱小人也，薄于小人之爱大人也；其利人也，厚于小人之爱大人也。”此薄爱志而重利功之证。以墨子之说推之，则贫子之爱其亲也，厚于富者之爱其奴也，其利亲也，不若富人之利奴也。此种计算，未敢苟同。故墨子之计爱利志功，合志功而观，利之中取大，与百家同，惟当志功不相从时，志小而功大，志大而功小，墨子尚功而不贵志，与儒家异。墨子薄葬短丧之理论所由起也。兼爱之目的，在于余力相劳，余财相分，良道相教，化国家人我之分界，而入于兼爱交利之域，与儒家所谓仁民爱物、民胞物与究不能无分，盖儒家始终皆有差等也。若进而至于大同，则社会组织，一切变更，则道德亦从之而变。使墨子之学说可通，则必以天志为本，变更社会之组织。

吾之所以批评墨子者，就现世之社会与儒家之观点而言之耳。吾之所以最钦乎墨子者，在其能损己利人，足以药今损人利己之病，虽其持论或有不根，亦矫枉不嫌过正之道与?《大取篇》曰："杀一人以存天下，非杀人以利天下也；杀己以存天下，是杀己以利天下也。"此心此志，吾尝以此自勉，亦愿世人三复斯言。

尚　同

墨子极端主张民主政体者也，极端主张贤人政治者也。尚同、尚贤实相为表里，舍尚贤而言尚同，是无异于率虎狼而食人也。

《尚同上》曰："古者民始生未有刑政之时，盖其语人异义。是以一人则一义，二人则二义，十人则十义，其人兹众，其所谓义亦兹众。是以人是其义，以非人之义，故交相非也。"此言无政长之害也。又曰："明乎天下之所以乱者，生于无政长，是故选天下之贤可者，立以为天子。天子立，以其力为未足，又选择天下之贤可者，置立之以为三公。天子三公既以立，以天下为博大，远国异土之民，是非利害之辩，不可一二而明知，故画分万国，立诸侯国君。诸侯国君既已立，以其力为未足，又选择其国之贤者，置立之以为政长。政长既已具，天子发政于天下之百姓，言曰：'闻善皆以告其上。上之所是，必皆是之；所非，必皆非之。上有过则规谏之，下有善则傍荐之。’” 此言政体之组织也。孟子之言，与此全同，曰：“得乎丘民而为天子，得乎天子为诸侯，得乎诸侯为大夫。” 又曰：“天子能荐人于天，不能使天与之天下。” 其归则曰天下为公、选贤与能而已。虽同以天统君，而所征验则在于民，谓之天主政制可也，谓民主政治亦可也。惟孟子虽言天子以得民为本，而未公言选举，与墨子少异。

综观墨子之说，约有数义，天子之所守者，曰尊天，曰爱民，曰率民于义，曰纳谏，曰傍荐；民之所守者，曰从上之是非，曰选举贤良，曰规谏。数义果行，是大同之世也。当时是否能行，虽不可知，其学术之可贵，固不以此加损，故尚同者为政之极则也。然贤人用之，不能禁暴人不用之也，是以尚贤、尚同不可离矣。

尚　贤

周末封建世卿之敝，不可掩饰，而天下为公、选贤与能之说兴，儒、墨其最显著者矣。

尚同明百姓选贤之义，尚贤明人君用贤之义，亦如近世有选任、特任、简任之别也。国家得贤则治，失贤则乱，此定理也。《尚贤上》曰："故大人之务，将在于众贤而已。"又曰："况又有贤良之士，厚乎德行，辩乎言谈，博乎道术者乎？此固国家之珍而社稷之佐也，亦必且富之贵之，敬之誉之，然后国之良士亦将可得而众也。"此言从贤之道也。

又曰："不义不富，不义不贵，不义不亲，不义不近。"是又去富贵亲近之害政而使之出于义也。古者富贵、知识、道德合而为一，久之则富且贵者徒倚阶级而富贵，而德知亡焉。小民有德慧术知者，格于阶级而不得申，故亲贵为诸子政治之公敌，无不欲去之。墨子之言用人，惟在以贤，不以阶级。《尚贤上》曰："故古者圣王之为政，列德而尚贤，虽在农与工肆之人，有能则举之，高予之爵，重予之禄，任之以事，断予之令，曰：‘爵位不高则民弗敬，蓄禄不厚则民不信，政令不断则民不畏。’举三者授之贤者，非以赐贤也，欲其事之成。”盖禄、爵、令三者，事之具也，三者缺一，则虽有贤者，无所施才。见贤不能举，举而不能用，用而不能专，此贤才之所以多抑郁而不申也。《尚贤下》曰：“今王公大人有一牛羊之财，不能杀，必索良宰；有一衣裳之财不能制，必索良工。”此言用人当知其才能之异同也。

《尚贤中》曰：“是故不能治百人者，使处乎千人之官；不能治千人者，使处乎万人之官。此其故何也？曰：‘处若官者爵高而禄厚，故爱其色而使之焉。’”此言用人当知其才能之大小也。

用人者患不知此，而责人不贤，苟能知人善任，则朝无倖进之人，野无抑郁之士，事有不举，功有不就者哉？

非　攻

《兼爱上》曰："盗贼不爱其异室，故窃异室以利其室；贼爱其身不爱人，故贼人以利其身。此何也？皆起不相爱。虽至大夫之相乱家、诸侯之相攻国者，亦然。大夫各爱其家，不爱异家，故乱异家以利其家。诸侯各爱其国，不爱异国，故乱异国以利其国。"天下之乱物具此而已矣。天下之祸，莫烈于攻战。争地以战，杀人盈野；争城以战，杀人盈城。患乱无穷，皆由不相爱，兼爱即所以止战也。地有余而财不胜用，侵略无已，此诚何心哉？墨子直名之曰"有窃疾矣"。战争者，非受祸之国不利，于己亦无利焉。夺民时，费民财，寡人妻，孤人子，以求无益之虚名，假义而为利者也。此墨子之所痛诋矣。

墨子既倡兼爱之教，以救好战者之心；又为守战之备，以待好战者之国。《公输篇》云："墨子见王，曰：'闻大王举兵将攻宋，计必得宋乃攻之乎，亡其不得宋且不义犹攻之乎？’王曰：‘必不得宋，且有不义，则曷为攻之？’墨子曰：‘甚善。臣以为王必不可得。’王曰：‘公输般天下之巧工也，已为攻宋之械矣。’墨子曰：‘令公输般设攻，臣请守之。’于是子墨子解带为城，以牒为械。公输般九设攻城之机变，墨子九距之。公输般之攻械尽，墨子之守械有余。”《备城门》以下诸篇，悉守械之术。难攻则好战者怯。

然而墨子固非攻而不非诛也，诛者义战，此与孟子之非战而称汤、武放伐为诛一夫，同一辙也。

明　鬼

鬼有人鬼、天鬼之分，神权时代之所信奉以为教者也。儒家敬鬼神而远之，于鬼之有无，初未明言，隆于祭祀，所以使民追远报本，以生其恭敬之心焉，以为文之矣。墨子以儒者为不信鬼神，墨子之私言也。儒者于鬼神之有无，故未尝言之，恐人之忘其亲也。墨子之所厚者，天鬼也；儒家之所隆者，人鬼也。

墨家明鬼而薄葬短丧，非以人鬼不能为祸福耶？墨子所谓鬼者，有灵验、能为祸福者也。《公孟篇》："巫马子谓子墨子曰：'鬼神孰与圣人明智？'子墨子曰：'鬼神之明智于圣人，犹聪明耳目之与聋瞽也。'"又曰："有游于子墨子之门者，谓子墨子曰：'先生以鬼神为明智，能为祸福，为善者富之，为暴者祸之。今吾事先生久矣，而福不至。意者先生之言有不善乎？'"墨子见当时之人以天为不明、鬼为不神，既不能以义教之，故假于鬼神以威之，所谓"国家淫僻无礼，则语之尊天事鬼"者矣。

《明鬼篇》曰："逮至三代圣王既没，天下失义，诸侯力正，是以存夫为人君臣上下者之不惠忠也，父子兄弟之不慈孝弟长贞良也，正长之不强于听治，贱人之不强于从事也。民之为淫暴寇乱盗贼，以兵刃毒药水火退无罪人乎道路率径，夺人车马衣裘以自利者，并作由此始，是以天下乱。此其故何以然也？则皆以疑惑鬼神之有与无之别，不明乎鬼神之能赏贤而罚暴也。"然则墨子之用心所在可知。

幽明之事，其理难言，故不可以非官感所接而随意非之耳。

非　命

天命之说，由来已旧，至儒、道而其义一变。孔子曰："道之将行也与，命也；道之将废也与，命也。"耳目四肢之欲，孟子曰："性也，有命焉。"圣人之于天道，孟子曰："命也，有性焉。"庄子曰："知其不可奈何而安之若命。"儒、道两家之于命也，对性而言，于外物则谓之命，于仁义则谓之性，故孟子曰："不知命，无以为君子。"又曰："夭寿不贰，修身以俟之，所以立命也。"命为儒道两家最高之学说。

墨子之所非者，与儒道两家之命，判然不同。墨子之所谓义者，则儒道两家所谓性也。《非命篇》曰："今执有命者之言曰：命富则富，命贫则贫，命众则众，命寡则寡，命治则治，命乱则乱，命寿则寿，命夭则夭。上以说王公大人，下以阻百姓之从事，故执有命者不仁。"又曰："王公大人蕢若信有命而致行之，则必怠乎听狱治政矣，卿大夫必怠乎治官府矣，农夫必怠夫耕稼树艺矣，妇人必怠乎纺织纴矣。”是则墨子之所非者，儒道两家亦且非之，况儒道两家天命之说，固有至理，圣人之于天道谓之性，夫何至于害事，外物不可得而归之于命，故能乐天知命而安于道，夫何有怠惰之患？

节　用

天下之患，生于不足，故孟子曰："使有菽粟如水火，而民焉有不仁者乎？"荀卿亦曰："节用裕民，而善藏其余。节用以礼，裕民以政。"惟周人以礼为重，俭不中礼，君子无取焉。"有其礼无其财，君子不行"，"国奢则示之以俭"，皆儒者之言。而礼有常制，不可踰越，不能备礼，是之谓变。墨子见俭之利，因以非礼乐，其言不无太过，荀、庄二子之所以掊击墨家者，即在于此。

墨子常忧天下不足，故昌为节用之教，人之不相爱，而损人以利已，实则由于已之不足，故父不爱其子，兄不爱其弟，如能节用，即可以防止诸多悖理之事，此墨子之意也。《节用上》曰："圣人为政一国，一国可倍也；大之为政天下，天下可倍也。其倍之，外非取地也，因其国家去无用之费，足以倍之。圣王为政，其发令兴事，使民用财也，无不加用而为者，是故用财不费，而民德不劳，其兴利多也。"儒家于此与墨家无弗同，其不同即在墨家所认为无用之费，儒家或以为有用耳。

《节用上》曰："其为衣裘何？以为冬以圉寒，夏以圉暑。凡为衣食之道，冬加温，夏加清者，芊䱉不加者去之。"此墨子对于衣服之节也。又曰："其为宫室何？以为冬以圉风寒，夏以圉暑雨，有盗贼加固者，芊䱉不加者去之。"此墨子对于宫室之节也。又曰："其为甲盾五兵何？以为以圉寇乱盗贼，若有寇乱盗贼，有甲盾五兵者胜，无者不胜，是故圣人作为甲盾五兵。加轻以利、坚而难折者，芊䱉不加者去之。"此墨子对于甲盾之节也。又曰："其为舟车何？以为车以行陵陆，舟以行川谷，以通四方之利。凡为舟车之道，加轻以利者，芊䱉不加者去之。"此墨子对于舟车之节也。《节用中》曰："是故古者圣王制为节用之法曰：凡天下群百工，轮车鞼匏陶冶梓匠，使各从事其所能。曰：凡足以奉给民用，则止。诸加费不加于民利者，圣人弗为。"此墨子对于器用之节也。又曰："古者圣王制为饮食之法曰：足以充虚继器，强股肱，耳目聪明，则止。不极五味之调、芬香之和，不致远国珍怪异物。何以知其然？古者尧治天下，南抚交阯，北降幽都，东西至日所出入，莫不宾服。逮至其厚爱，黍稷不二，羹胾不重，饭于土塯，啜于土形，斗以酌。俯仰周旋威仪之礼，圣王弗为。"此墨子对于饮食之节也。《节用上》曰:“昔者圣王为法曰:丈夫年二十,毋敢不处家。女子年十五,毋敢不事人。此圣王之法也。圣王既殁,于民次也。其欲早处家者,有所二十年处家;其欲晚处家者,有所四十年处家。以其早与其晚相践,后圣王之法十年。若纯三年而字,子生可以二十二年矣。此不惟使民早处家,而可以倍且不然也。”此墨子对于男女之节也。凡此数者,除甲盾而外,皆人生日用之事。人欲无穷,物力有限,苟无节制,其害大也。

惟儒家言节用与墨同,而所节则异。儒家虽主张节用,但必节之以礼。孔子曰:“管敬仲贤大夫也,难为上也;晏平仲贤大夫也,难为下也。”意在以礼为节,使上不偪上,下不偪下。荀卿《礼论》曰:“礼起于何也?曰:人生而有欲,欲而不得,则不能无求。求而无度量分界,则不能不争;争则乱,乱则穷。先王恶其乱也,故制礼义以分之,以养人之欲,给人之求。使欲必不穷于物,物必不屈于欲。两者相持而长,是礼之所起也。故礼者,养也。刍豢稻粱,五味调香,所以养口也;椒兰芬苾,所以养鼻也;雕琢刻镂,黼黻文章,所以养目也;钟鼓管磬,琴瑟竽笙,所以养耳也;疏房檖貌,越席床笫几筵,所以养体也。故礼者养也。子既得其养,又好其别。曷谓别?曰:贵贱有等,长幼有差,贫富轻重皆有称者也。

故天子大路越席，所以养体也；侧载睪芷，所以养鼻也；前有错衡，所以养目也；和鸾之声，步中武象，趋中韶护，所以养耳也；龙旗九斿，所以养信也；寝兕持虎，蛟韅、丝末、弥龙，所以养威也；故大路之马必信至，教顺，然后乘之，所以养安也。孰知夫出死要节之所以养生也！孰知夫出费用之所以养财也！孰知夫恭敬辞让之所以养安也！孰知夫礼义文理之所以养情也！故人苟生之为见，若者必死；苟利之为见，若者必害；苟怠惰偷懦之为安，若者必危；苟情说之为乐，若者必灭。故人一之于礼义，则两得之矣；一之于情性，则两丧之矣。故儒者将使人两得之者也，墨者将使人两丧之者也，是儒、墨之分也。”与墨子之言比观，则知儒者虽节用，与墨者固不同也。

节　葬

墨子之节葬，忧不足也。故生则节用，死则节葬，死生一也。其义在于实利，故墨子之权衡仁义，以利为程。

《节葬下》曰："天下失义，后世之君子，或以厚葬久丧以为仁也义也，孝子之事也；或以厚葬久丧以为非仁义，非孝子之事也。曰二子者，言则相非，行即相反，皆曰吾上祖述尧、舜、禹、汤、文、武之道也；而言即相非，行即相反，于此乎后世之君子皆疑惑乎二子者言也。若苟疑惑乎二子者言，然则姑尝传而为政乎国家万民而观之，计厚葬久丧，奚当此三利者？我意若使法其言，用其谋，厚葬久丧，实可以富贫众寡、定危治乱乎？此仁也，义也，孝子之事也，为人谋者不可不劝也。仁者将兴之天下，谁贾而使民誉，终勿废也。意亦使法其言，用其谋，厚葬久丧，实不可以富贫众寡、定危理乱乎？此非仁非义，非孝子之事也，为人谋者不可不沮也。仁者将求除之天下，相废而使人非之，终身勿为。"此以实利为判之证也。

又曰："然则姑尝稽之。今虽毋法执厚葬久丧者言，以为事乎国，此存乎王公大人有丧者，曰棺椁必重，葬埋必厚，衣衾必多，文绣必繁，丘陇必巨。存乎匹夫贱人死者，殆竭家室。存乎诸侯死者，虚车府，然后金玉珠玑比乎身，纶组节约，车马藏乎圹，又必多为屋幕、鼎鼓、几梴、壶滥、戈剑、羽旄、齿革，寝而埋之，满意。若送从，曰：天子杀殉，众者数百，寡者数十。将军大夫杀殉，众者数十，寡者数人。处丧之法将奈何哉，曰：哭泣不秩声翁，缞绖垂涕，处倚庐，寝苫枕由。又相率强不食而为饥，薄衣而为寒，使面目陷陬，颜色黧黑，耳目不聪明，手足不劲强，不可用也。"此言厚葬久丧之害也。

姑尝以儒者之论，与墨者之言比观，则儒者起于心之不忍，墨者起于事之不可，其较大明。孟子曰："盖上世尝有不葬其亲者，其亲死则举而委之于壑，他日过之，狐狸食之，蝇蚋姑嘬之，其颡有泚，睨而不视。夫泚也，非为人泚，中心达于面目，盖归反虆梩而掩之，掩之诚是也，则孝子仁人之掩其亲，亦必有道矣。"此言葬埋之礼所由起也。孔子答宰予问三年之丧，曰："食夫稻，衣夫锦，于女安乎？"曰："安。""女安则为之。夫君子之居丧，食旨不甘，闻乐不乐，居处不安，故不为也。今女安，则为之。”宰我出。子曰：“予之不仁也。子生三年，然后免于父母之怀。夫三年之丧，天下通丧也。予也有三年之爱于其父母乎？”此言丧服之礼所由起也。孟子曰：“古者棺椁无度，中古棺七寸，椁称之，自天子达于庶人，非直为观美也，然后尽于人心，不得不可以为悦，无财不可以为悦，得之为有财，古之人皆用之，吾何为独不然，且比化者，无使土亲肤，于人心独无恔乎。吾闻之也，君子不以天下俭其亲。”儒者葬埋不敢薄其亲，事死如事生也。不以天下俭其亲，对墨者而言耳。儒家主于尽心，故孔子曰：“敛手足形还葬而无封，称其材，斯谓之礼。”是并拘于器用之厚薄。天子诸侯之礼，厚于士庶人者，所以别尊卑明贵贱也。至于丧服之制，所以崇厚反本，三日而食，不以死伤生，以灭性为非礼，礼有释服之制，必不致废事。

墨子之所讥者，衰世之失礼耳，竭家室，虚车府，杀人以殉，虽儒者亦将非之。墨子恐人心之不安于节葬短丧，乃为之说曰：“今执厚葬久丧者言曰：‘厚葬久丧果非圣王之道，夫胡说中国之君子为而不已、操而不择哉？’子墨子曰：‘此所谓便其习而义其俗者也。昔者越之东有輆沭之国者，其长子生则解而食之，谓之宜弟；

其大父死，负其大母而弃之，曰：鬼妻不可与居处。此上以为政，下以为俗，为而不已，操而不择，则此岂实仁义之道哉？此所谓便其习而义其俗者也。楚之南有炎人之国者，其亲戚死，朽其肉而弃之，然后埋其骨，乃成为孝子。秦之西有仪渠之国者，其亲戚死，聚柴薪而焚之，熏上，谓之登遐，然后成为孝子。此上以为政，下以为俗，为而不已，操而不择，则此岂仁义之道哉？此所谓便其习而义其俗者也。”

其言虽辩，实无当于理。蛮夷之俗，蛮夷之人安之；中国之俗，中国之人安之。无论其为仁义否也，若以为非义，必有以破其故俗而代之以新制，使之心安者。今墨子无此也，惟以利为本，是逆于人心，而不达丧葬之礼所由起矣。

非　乐

庄子之论墨子曰："作为非乐，命之曰节用。"墨子之非乐，亦节用而生也，实用者固不可非，而不知调和人之性情者是又用之大者也。

人之生活，最初不过衣食住行。苟此四者皆已具足，则必更求美满之生活。饱食终日，而行为无法，必至于禽兽。有法以节其行为，而无乐以和易其性情、发舒其精神，久之亦必有河决防踰之险，其为害烈矣。故儒家重礼乐，礼以节之，乐以和之。墨子不知也，徒见俭之利，因以非乐。

《非乐上》曰："仁之事者，必务兴天下之利，除天下之害，将以为法乎天下。利人乎即为，不利人乎即止。且夫仁者之为天下度也，非为其目之所美，耳之所乐，口之所甘，身体之所安，以此亏夺民衣食之财，仁者弗为也。是故子墨子之所以非乐者，非以大钟鸣鼓、琴瑟竽笙之声以为不乐也，非以刻镂华、文章之色以为不美也，非以犓豢煎炙之味以为不甘也，非以高台厚榭、邃野之居以为不安也。虽身知其安也，口知其甘也，目知其美也，耳知其乐也，然上考之不中圣王之事，下度之不中万民之利，是故子墨子曰：为乐非也。”此墨子非乐之意也。

墨子非乐之义，约有数端：一曰乐器废财。《非乐上》曰：“今王公大人虽无造为乐器，以为事乎国家，非直掊潦水、折壤坦而为之也，将必厚措敛乎万民，以为大钟鸣鼓、琴瑟竽笙之声。古者圣王亦尝厚措敛乎万民，以为舟车，既已成矣，曰“吾将恶许用之？’曰：‘舟用之水，车用之陆，君子息其足焉，小人休其肩背焉。’故万民出财赍而予之，不敢以为感恨者，何也，以其反中民之利也。然则乐器反中民之利亦若此，即我弗敢非也。然则当用乐器譬之若圣王之为舟车也，即我弗敢非也。民有三患，饥者不得食，寒者不得衣，劳者不得息，三者民之巨患也。然即当为之撞巨钟，击鸣鼓，弹琴瑟，吹竽笙，而扬干戚，民衣食之财将安可得乎？”二曰听乐废事。《非乐上》曰：“今王公大人唯毋处高台厚榭之上而视之，钟犹是延鼎也，弗撞击将何乐得焉哉？其说将必撞击之。惟勿撞击，将必不使老与迟者。老与迟者耳目不聪明，股肱不毕强。将必使当年，因其耳目之聪明，股肱之毕强，声之调和，眉之转朴。使丈夫为之，废丈夫耕稼树艺之时；使妇人为之，废妇人纺绩织纴之事。今王公大人唯毋为乐，亏夺民衣食之财，以拊乐如此多也。是故子墨子曰：为乐非也。今大钟鸣鼓、琴瑟竽笙之声既已具矣，大人锈然奏而独听之，将何乐得哉？其说将必与贱人不与君子。与君子听之，废君子听治；与贱人听之，废贱人之从事。今王公大人惟毋为乐，亏夺民之衣食之财以拊乐如此多也。是故子墨子曰：为乐非也。”

是墨子之非乐，亦有为而发。墨子非乐，包含一切奢侈之事。动曰亏夺民衣食之财，夺民衣食以为淫乐，虽儒家亦非之。墨子之所非者，其在此不在彼耶？

商君书

庄子《天道篇》曰："是故古之明大道者，先明天而道德次之。道德已明，而仁义次之。仁义已明，而分守次之。分守已明，而形名次之。形名已明，而因任次之。因任已明，而原省次之。原省已明，而是非次之。是非已明，而赏罚次之。赏罚已明，而愚知处宜，贵贱履位；仁贤不肖袭情，必分其能，必由其名。以此事上，以此畜下，以此治物，以此修身。知谋不用，必归其天。此之谓大平，治之至也。故书曰：'有形有名。'形名者，古人有之，而非所以先也。古之语大道者，五变而形名可举，九变而赏罚可言也。骤而语形名，不知其本也；骤而语赏罚，不知其始也。倒道而言，迕道而说者，人之所治也，安能治人？骤而语形名赏罚，此有知治之具，非知治之道，可用于天下，不足以用天下。此之谓辩士，一曲之人也。"

法家之所持以为治者，形名赏罚而已。以庄子观之，则皆“倒道而言，迕道而说”者。商君为治，其政策曰抟力杀力。《去强篇》曰：“国强而不战，毒输于内，礼乐蝨官生，必削。国遂战，毒输于敌，国无礼乐蝨官，必强。”《说民篇》曰：“民之所欲万，而利之所出一。民非一政，无以致欲，故作一。作一则力抟，力抟则强。强而用，重强。故能生力，能杀力，曰攻敌之国，必强。塞私道以穷其志，启一门以致其欲，使民必先行其所要，然后致其所欲，故力多。力多而不用则志穷，志穷则有私，有私则有弱。故能生力，不能杀力，曰自攻之国。”此可用于天下而不足以用天下之明验也。

观商君治秦，其内外之政策，与今帝国相似，虽非长久之计，其致富强之速，则不可诬矣。其抟力之道，使利出于一孔，故贵耕战而贱《诗》《书》，修廉商官技巧；其杀力之道，则输毒于敌。商君一书所言，大抵如此。

农　战

《壹言篇》曰："凡将立国，制度不可不察也，治法不可不慎也，国务不可不谨也，事本不可不抟也。制度时，则国俗可化，而民从制；治法明，则官无邪；国务壹，则民应用；事本抟，则民喜农而乐战。夫圣人之立法、化俗，而使民朝夕从事于农也，不可不变也。夫民之从事死制也，以上之设荣名、置赏罚之明也，不用辩说私门而功立矣。故民之喜农而乐战也，见上之尊农战之士，而下辩说技艺之民，而贱游学之人也。故民壹务，其家必富，而身显于国。上开公利而塞私门，以致民力；私劳不显于国，私门不请于君。若此，而功臣劝，则上令行而荒草辟，淫民止而奸无萌。治国能抟民力而壹民务者，强；能事本而禁末者，富。夫圣人之治国也，能抟力，能杀力。制度察则民力抟，抟而不化则不行，行而无富则生乱。故治国者，其抟力也，以富国强兵也；其杀力也，以事敌劝民也。”商君全部政策，于此可见，其目的在富国强兵。

壹务事本，则民出于农战，而致富强之效。夫欲使民出于农战，则必绝私门之请，禁《诗》《书》文学善修仁廉辩慧之士，而贱商官末技之民，盖不塞彼则不出于此也。故《农战篇》曰：“凡人主之所以劝民者，官爵也；国之所以兴者，农战也。今民求官爵皆不以农战，而以巧言虚道，此谓劳民。劳民者，其国必无力；无力，其国必削。善为国家者，皆作壹而得官爵。是故不官无爵。国去言则民朴，民朴则不淫。民见上利之从壹孔出也，则作壹；作壹，不偷营。民不偷营则多力，多力则国强。今境内之民皆曰：农战可避，而官爵可得也。是故豪杰皆可变业，务学《诗》《书》，随从外权，上可以得显，下可以求官爵，要靡事商贾为技艺，皆可以避农战。具备，国之危也。”又曰：“百姓曰：‘我疾农，先实公仓，收余以食亲。为上忘生而战，以尊主安国也。仓虚，主卑，家贫。然则不如索官！’亲戚交游，合，则更虑矣。豪杰务学《诗》、《书》，随从外权；要靡事商贾，为技艺，皆以避农战。民以此为教，则粟焉得无少，而兵焉得无弱也！善为国者，官法明，故不任知虑；上作壹，故民不偷营，则国力抟。国力抟者强，国好言谈者削。故曰：农战之民千人，而有《诗》、《书》辩慧者一人焉，千人者皆怠于农战矣。农战之民百人，而有技艺者一人焉，百人者皆怠于农战矣。国待农战而安，主待农战而尊。夫民之不农战也，上好言而官失常也。”

修　权

商君详于法而略于术。韩非《定法篇》论之曰："公孙鞅之治秦也，设告相坐而责其实，连什伍而同其罪，赏厚而信，刑重而必。是以其民用力劳而不休，逐敌危而不却，故其国富而兵强；然而无术以知奸，则以其富强也资人臣而已矣。及孝公、商君死，惠王即位，秦法未败也，而张仪以秦殉韩、魏。惠王死，武王即位，甘茂以秦殉周。武王死，昭襄王即位，穰侯越韩、魏而东攻齐，五年而秦不益尺土之地，乃城其陶邑之封。应侯攻韩八年，成其汝南之封。自是以来，诸用秦者，皆应、穰之类也。故战胜，则大臣尊；益地，则私封立：主无术以知奸也。商君虽十饰其法，人臣反用其资。故乘强秦之资数十年而不至于帝王者，法不勤饰于官，主无术于上之患也。"

今观商君之书，于君人之术，未尝不概乎有闻，但未逮韩非深察耳。《弱民篇》曰："法有民安，其次主变，事能得齐。国守安，主操权利。故主贵多变，国贵少变。”《修权篇》曰：“国之所治者三：一曰法，二曰信，三曰权。法者，君臣之所共操也。信者，君臣之所共立也。权者，君之所独制也。人主失守则危，君臣释法任私必乱。故立法明分，而不以私害法，则治；权制独断于君，则威。”又曰：“凡人臣之事君也，多以主所好事君。君好法则臣以法事君，君好言则臣以言事君。君好法则端直之士在前，君好言则毁誉之臣在侧。公私之分明，则小人不疾贤而不肖者不妒功。故尧、舜之位天下也，非私天下之利也，为天下位天下也。论贤举能而传焉，非疏父子亲越人也，明于治乱之道也。”

盖法出于刑名，而术本于黄老，故申、韩于术特深，商君比之，则瞠乎其后矣。

重　刑

商君之治，行刑重其轻者，以为轻者不生，而重者不来，可以偷取一时，而不可长用也，故韩非于此，多所修正。重其轻者，则民不畏死，而重者至也。刑过重，则奸不上闻，而上下相蒙，此其蔽也。

《开塞篇》曰："治国刑多而赏少，故王者刑九而赏一，削国赏九而刑一。夫过有厚薄，则刑有轻重；善有大小，则赏有多少。此二者，世之常用也。刑加于罪所终，则奸不去；赏施于民所义，则过不止。刑不能去奸而赏不能止过者，必乱。故王者刑用于将过，则大邪不生；赏施于告奸，则细过不失。治民能使大邪不生、细过不失，则国治。国治必强。一国行之，境内独治。二国行之，兵则少寝。天下行之，至德复立。此吾以杀刑之反于德而义合于暴也。。"又云："去奸之本，莫深于严刑。故王者以赏禁，以刑劝，求过不求善，藉刑以去刑。"《赏刑篇》曰："圣人之为国也，一赏一刑一教。一赏则兵无敌，一刑则令行，一教则下听上。夫明赏不费，明刑不戮，明教不变，而民知于民务，国无异俗。明赏之犹，至于无赏也。明刑之犹，至于无刑也。明教之犹，至于无教也。”

综观商君用刑之意，大率类此。

算地计民

商君能致秦富强者，虽赏信罚必之效，其行政之精明，实非后世所企及。观其算地、计民二端，已可概见。

《徕民篇》曰："地方百里者，山陵处什一，薮泽处什一，溪谷流水处什一，都邑蹊道处什一，恶田处什二，良田处什四。此食作夫五万，其山陵、溪谷、薮泽可以给其材，都邑、溪道足以处其民，先王制土分民之律也。"《算地篇》曰："凡世主之患，用兵者不量力，治草莱者不度地。故有地狭而民众者，民胜其地；地广而民少者，地胜其民。民胜其地，务开；地胜其民者，事徕。开，则行倍。民过地，则国功寡而兵力少；地过民，则山泽财物不为用。夫弃天物遂民淫者，世主之务过也，而上下事之，故为国任地者，山林居什一，薮泽居什一，溪谷流水居什一，都邑蹊道居什四，此先王之正律也。故为国分田数：小亩五百，足待一役，此地不任也；方土百里，出战卒万人者，数小也。此其垦田足以食其民，都邑遂路足以处其民，山林、薮泽、溪谷足以供其利，薮泽堤防足以畜。故兵出，粮给而财有余；兵休，民作而畜长足。此所谓任地待役之律也。”《境内篇》曰：“四境之内，丈夫女子皆有名于上，生者著，死者削。”《去强篇》曰：“强国知十三数：竟内仓、口之数，壮男、壮女之数，老、弱之数，官、士之数，以言说取食者之数，利民之数，马、牛、刍藁之数。”

据此数端，可知吾国旧日行政之精密，后之人应如何感发兴起耶？

徕　民

《徕民篇》曰："今秦之地方千里者五，而谷土不能处二，田数不满百万，其薮泽、溪谷、名山、大川之材物货宝，又不尽为用，此人不称土地。秦之所与邻者三晋也；所欲用兵者，韩、魏也。彼土狭而民众，其宅参居而并处；其寡萌贾息民，上无通名，下无田宅，而恃奸务末作以处；人之复阴阳泽水者过半。此其土之不足以生其民也。"

又曰："今三晋不胜秦，四世矣。自魏襄以来，野战不胜，守城必拔，小大之战，三晋之所亡于秦者，不可胜数也。若此而不服，秦能取其地，而不能夺其民也。今王发明惠，诸侯之士来归义者，令使复之三世，无知军事；秦四竟之内陵阪丘隰，不起十年征。往者于律也，足以造作夫百万。曩者臣言曰：'意民之情，其所欲者田宅也，晋之无有也信，秦之有余也必。若此而民不西者，秦士戚而民苦也。'今利其田宅，而复之三世，此必与其所欲而不使行其所恶也，然则山东之民无不西者矣。且直言之谓也，不然，夫实圹什虚，出天宝，而百万事本，其所益多也，岂徒不失其所以攻乎？夫秦之所患者，兴兵而伐，则国家贫；安居而农，则敌得休息。此王所不能两成也，故三世战胜，而天下不服。今以故秦事敌，而使新民作本，兵虽百宿于外，竟内不失须臾之时，此富强两成之效也。”

秦之并灭六国，商君徕民之效居多，其深谋远识，有足称焉。

攻　敌

商君者，实一政治家而兼军事家也，观其《战法》《兵守》诸篇，可以知之。

其论用兵之道，约有数端：一曰政胜。《战法篇》曰："凡战法必本于政胜，则其民不争，不争则无以私意，以上为意。故王者之政，使民怯于邑斗而勇于寇战。"二曰庙算。《战法篇》曰："兵起而程敌，政不若者勿与战，食不若者勿与久，敌众勿为客。敌尽不如，击之勿疑。故曰兵大律在谨，论敌察，则众胜负可先知也。王者之政，胜而不骄，败而不怨。胜而不骄者，术明也；败而不怨者，知所失也。若兵敌强弱，将贤则胜，将不如则败。若其政出庙算者，将贤亦胜，将不如亦胜。"三曰军制。《兵守篇》曰："三军，壮男为一军，壮女为一女，男女之老弱者为一军，此之谓三军也。壮男之军，使盛食励兵，陈而待敌；壮女之军，使盛食负垒，陈而待令。客至而作土以为险阻及耕格阱，发梁撤屋，给从从之，不洽而熯之，使客无得以助攻备。老弱之军，使牧牛马羊彘，草木之可食者收而食之，以获其壮男女之食。”四曰战法。《兵守篇》曰：“四战之国贵守战，负海之国贵攻战。四战之国，好举兴兵以距四邻者，国危。四邻之国一兴事，而已四兴军，故曰国危。四战之国，不能以万室之邑舍钜万之军者，其国危。故曰：四战之国务在守战。守有城之邑，不如以死人之力与客生力战。其城拔者，死人之力也，客不尽夷城，客无从入，此谓以死人之力与客生力战。城尽夷，客若有从入，则客必罢，中人必佚矣。以佚力与罢力战，此谓以生人之力与客死力战。”五曰兵戒。《战法篇》曰：“其过失，无敌深入，偕险绝塞，民倦且饥渴，而复遇疾，此其道也。”

凡此数端，于商君用兵之道，亦可以略窥矣。

韩非子

申子言术，慎子言势，商君言法。《史记》谓商君“学刑名之术”，申子“学黄老而主刑名”，是法生于刑名而术本于黄老之证。庄子称“慎到弃知去己，而缘于不得已”，是慎到亦道家之流裔。斯数子者，前乎韩非之法家也。

韩非师事荀卿，兼修老子之术，集法家之大成，而又兼采诸家之长者矣。《汉志》列韩非于法家。校以商君之书，则韩之所长，偏在于术。道家南面之术，得韩而益明。韩非法治思想，大体承继商君而修正之，然发明法意，大畅厥辞，商君之法得之而益显。荀卿明王道、述礼乐，而韩非诋仁义、毁先王，考其辞诚多悖谬，责其实则韩非之言有为而言之也。以危弱之韩而当虎狼之秦，常有不可终日之慨，故明法术以先之，而期致近功，世而后仁，诚不及俟，欲一天下于战耕，故不得不废仁义而贱文学。韩子之言，亦一时之权也。

荀卿之言曰："凝聚之为难。"韩非之术，非凝聚之道也。道无常胜，取守不同术，使秦一天下之后，而非为之谋，乌知其不异于彼所云耶？信赏必罚，万世长保之具也，百家不能废。法家之异于余子者，盖在彼不在此。然其言有补于治术者多，非徒可观，实有可取者焉。

法

《定法篇》曰："法者，宪令著于官府，刑罚必于人心，赏存乎慎法，而罚加乎奸令者也。"此韩子自释法义也。法之起远矣，其有明文可稽者，在于唐虞。《吕刑》虽不具科条，而《孝经》言："五刑之属三千。"《吕氏春秋》言："周威公去苛令三十九物。"故《汉志》云："法家者流，盖出理官，信赏必罚，以辅礼制。《易》曰：'先王以明法饬罚。'此其所长也。"是法者古人有之，末世废弛，而法家特明之耳。法之不行，由于阿亲遗远，以喜怒为法令，而不得其平，故法家救之以一断于法。

《有度篇》曰："夫人臣之侵其主也，如地形焉，即渐以往，使人主失端，东西易面而不自知。故先王立司南以端朝夕。故明主使其群臣不游意于法之外，不为惠于法之内，动无非法。峻法，所以凌过游外私也；严刑，所以遂令惩下也。威不贰错，制不共门。威、制共，则众邪彰矣；法不信，则君行危矣；刑不断，则邪不胜矣。"

人主所以为天下贵者，为其能制人而无所制于人；所以为天下服者，为其公而不党，无所阿私。法之所贵，在乎无私。释法而任心，难乎其不颓也。人主释法，则群奸乘之，终则制于人也。《用人篇》曰："释法术而任心治，尧不能正一国。去规矩而妄意度，奚仲不能成一轮；废尺寸而差短长，王尔不能半中。使中主守法术，拙匠守规矩尺寸，则万不失矣。君人者能去贤巧之所不能，守中拙之所万不失，则人力尽而功名立。"此言法之利也。国未尝无法也，而在其能奉法否耳。"奉法者强则国强，奉法者弱则国弱。"《有度》。奉法者，即弃智去心之谓。《大体篇》曰："古之全大体者，望天地，观江海，因山谷，日月所照，四时所行，云布风动；不以智累心，不以私累己；寄治乱于法术，托是非于赏罚，属轻重于权衡；不逆天理，不伤情性；不吹毛而求小疵，不洗垢而察难知；不引绳之外，不推绳之内；不急法之外，不缓法之内；守成理，因自然。"是韩非之学，非惟言术取于道家，即为法之意亦本黄老，非前之法家所能及也。

韩非言法贵在能行，而不在文网之密，使民避刑就赏，以成以刑止刑之效。《用人篇》曰："明主立可为之赏，设可避之罚，故贤者劝赏而不见子胥之祸，不肖者少罪而不见伛剖背，盲者处平而不遇深溪，愚者守静而不陷险危。如此则上下之恩结矣。古之人曰：‘其心难知，喜怒难中也。’故以表示目，以鼓语耳，以法教心。君人者释三易之数，而行一难知之心。如此则怒积于上，而怨积于下，以积怒而御积怨，则两危矣。”是韩子明法，本以救任心之失，所以结上下之恩，而使上下交得也。虽常有父子夫妇皆不可信之心，其卒未尝欲使父子夫妇之相仇也。《守道篇》曰：“圣王之立法也，其赏足以劝善，其威足以胜暴，其备足以必完。治世之臣，功多者位尊，力极者赏厚，情尽者名立。善之生如春，恶之死如秋，故民劝极力而乐尽情，此之谓上下相得。上下相得，故能使用力者自极于权衡，而务至于任鄙；战士出死，而愿为贲、育；守道者皆怀金石之心，以死子胥之节。用力者为任鄙，战如贲、育，中为金石，则君人者高枕而守已完矣。”是以韩非用法，归于虚无，虚无而后得其平也。《解老篇》曰：“凡德者，以无为集，以无欲成，以不思安，以不用固。为之欲之，则德无舍。”所贵乎虚无者，为其不任心耳。《用人篇》曰：“至治之国，有赏罚而无喜怒。”故法家之所长，在于无偏颇，而韩非又能济之以虚无，以神其用，其他虽有蔽短，此之为是，则百世可师也。

法家所以为人诟病者，曰严刑峻罚、刻薄寡恩。韩子言法，务在使民避罚就赏，犯法不宥，即儒家之以仁为教，亦未尝舍此而用苟且之政，韩子亦以厚诛薄罪为非《用人》，虽严何害？厚诛薄罪，商君之法也，韩非虽称之，取其能以刑止刑之意，而不必同其厚诛薄罪也。《孟子》书“桃应问‘舜为天子，皋陶为士，瞽叟杀人’”一章，此法家诘儒者之言也。孟子亦曰：“执之而已。”其归则“窃父而逃”。使皋陶穷究之，舜亦无可如何，故虽儒家亦未尝不专断于法，而独谓法家为酷，岂知言哉？桓范之言曰：“夫商鞅、申、韩之徒，其能也，贵尚谲诈，务行苛克，废礼义之教，任刑名之数，不师古始，败俗伤化，此伊尹、周、召之罪人也。然其尊君卑臣，富国强兵，守法持术，有可取焉。”其言近之也。

韩非学老子之术，与商君之专以逆民为务者，又稍有别。道家守自然，贵因仍，以百姓之心为心者也。《功名篇》曰：“明君之所以立功成名者四，一曰天时，二曰人心，三曰技能，四曰势位。非天时，虽十尧不能冬生一穗；逆人心，虽贲育不能尽人力。故得天时则不务而自生，得人心则不趣而自劝，因技能则不急而自疾，得势位则不推进而名成。若水之流，若船之浮。守自然之道，行毋穷之令，故曰明主。”岂非韩非守自然、顺人心之明证乎？而韩非尝云民智之不可师用而贵变法，何也？

盖民智浅薄，安于故常，而所谓民意者，又往往为奸人所利用，故当其敝也，即天道之穷而当复者也，故变化实所以顺天道。所谓民意，即趋利远害而已，岂蠢愚之民意哉？故为之兴利除患，即顺民意。《南面篇》曰：“不知治者，必曰无变古、无易常。变与不变，圣人不听，正治而已。然则古之无变，常之无易，在常古之可与不可。伊尹毋变殷，太公毋变周，则汤、武不王矣。管仲毋更齐，郭偃毋更晋，则桓文不霸矣。”是韩子之意，变与不变，在可与不可，正治而已。是道家无为而无不为之意。伊、吕、管仲皆道家先师，知道家所恶在乎不知妄作，故曰无为，而又曰无不为，韩非其知之也。《解老篇》曰：“工人数变业，则失其功；作者数摇徙，则亡其功。一人之作，日亡半日，十日则亡五人之功矣。万人之作，日亡半日，十日则亡五万人之功矣。然则数变业者，其人弥众，其亏弥大矣。”是韩非之所谓当变者，皆顺自然，因人情，不可不变者矣。

商君言法之当变，与韩子无殊，而学理之阐发，则相去远矣。

术

诸侯僭天子，大夫僭诸侯，窃其国而盗其民，春秋以来数见不鲜之事。其故皆由无法以治臣，无术以知奸，其所谓忠者不忠而所谓贤者不贤也。

无国而无法，然法未必信。法之不信，由上坏之也。法苟信也，而无术以知奸，则奸臣将窃其法而济其私。圣知之法为盗贼之械，为虎傅翼，安得不择人而食乎？韩子者，教大盗者也。大盗出则小偷止，非所以保民乎哉？故韩子之言术，所以御臣，而非所以畜民。少恩，无伤矣。

有国者，利器也，不可以示人。匹夫无罪，怀璧其罪。人非尧、舜，岂能视天下如敝屣？充其极也，天下无可亲之人，父子夫妇之恩，皆为利诱。《备内篇》曰："为人主而大信其子，则奸臣得乘其子以成其私，故李兑傅赵王而饿主父；为人主而大信其妻，则奸臣得乘其妻以成其私，故优施傅丽姬杀太子而立奚齐。夫以妻之近与子之亲犹不可信，则其余无可信者矣。"父子夫妻之恩，不可诬也。贼乱之事生于内者，史不绝书，亦奸之一门。塞其门，则乱止。

君位者，势之所寄，与常人殊，可制人而不可制于人。恩与术，是之谓两行。韩子谓奸有八而劫有三，欲禁八奸、绝三劫，舍术莫为功。《和氏篇》曰："主用术则大臣不得擅断，近习不敢卖重。"《八说篇》曰："有道之主，不求清洁之吏，而务必知之术也。"《显学篇》曰："不求人之为吾善也，而用其不得为非也。"《外储说左下》曰："明主者不恃其不我叛，恃吾不可叛也；不恃其不我欺也，恃吾不可欺也。"天下固有不叛之臣、不欺之士，恃其不叛不欺，而叛欺起于其间；恃吾之不可欺叛，则欺叛者止，而况不欺不叛者哉？《六反篇》曰："夫奸，必知则备，必诛则止；不知则肆，不诛则行。夫陈货于幽隐，虽曾、史可疑也；悬百金于市，虽大盗不取也。不知，则曾、史可疑于幽隐；必知，则大盗不取悬金于市。故明主之治国也，众其守而重其罪，使民以法禁，而不以廉止。"韩非主法禁而不重教化，故云然尔。

《定法篇》曰："术者因任而授官，循名而责实，操生杀之柄，课群臣之能者也。此人主之所执也。"是则所谓术者，即持法之具耳。故曰"人主之所执"。其道出于道家"秉要执本，清虚自守"之术。《主道篇》曰："道者，万物之始，是非之纪也。是以明君守始以知万物之源，治纪以知善败之端。故虚静以待，令名自命也，令事自定也。虚则知实之情，静则知动者正。有言者自为名，有事者自为形，形名参同，君乃无事焉，归之其情。故曰：君无见其所欲，君见其所欲，臣自将雕琢；君无见其意，君见其意，臣将自表异。故曰：去好去恶，臣乃见素；去旧去智，臣乃自备。”《扬权篇》曰：“事在四方，要在中央。圣人执要，四方来效。虚以待之，彼自以之。”《解老篇》曰：“所以贵无为无思为虚者，谓其意无所制也。”夫虚也则不见，不见则不可尝试；秉要则有度，有度以临之，则方圆长短毕见，而无所逃矣。《八说篇》曰：“尽思虑，揣得失，智者之所难也；无思无虑，挈前言而责后功，愚者之所易也。明主操愚者之所易，以责智者之所难，故智虑力劳不用而国治也。”韩非之言术，大略如是，盖深有得于老子者矣。

孔、孟不详君人之术，而明教化，正人伦；荀卿虽有取于道家，说见前。然周闭之义，与儒家以身率物者不相容；故非主道利周之说，韩非则两得之也。《难三》曰：“法者，编著之于图籍，设之于官府，而布之于百姓者也。术者，藏之于胸，以偶众端，而御群臣者也。故法莫如显，而术不欲见。是以明主言法则境内百姓莫不闻知也，不独满于堂。言术则亲爱近习莫之得闻也，不得满室。”此殆有鉴于其师之说而发者与？法显则下知所从，术隐则莫敢欺匿，韩非于治术独深，老子之术待之而益明也。

韩非与儒家论政之异，重君与重臣而已。儒家以贤人格君心之非，韩非则以君率臣于法。韩非恶大臣太重，左右太贵，群臣比周，而制其主，故术尚焉。韩非谓“愚者之所易”者，不用知巧之谓耳，果愚者之所易哉？君不能制事，故必假之以事，而势亦随之。势之所在，即众之所归，虽欲不比周，得乎？君以其言授之事，因以其事责其功，功之能当其事与否，君人深居九重，曷能知之？权臣指鹿为马，则小臣以为牝马，人主独奈之何？恃吾之不可欺叛，则重在我，不在人，明君则治，暗君则乱，明君不世出，则乱世相踵矣。儒家重在臣，君能用贤则国治，然而所任未必贤也。惟儒家重教化，其本固也，虽当庸暗之主，独可稍安。韩非专恃法术以愚民，如畜虎狼于国中，饲养乏术，必将食人，无或幸免。故曰教化与法术，皆治之具也，可偏废哉。儒家不重法术，法家则废教化。儒家以修身为治平根本，故详于君人之修养；法家不知务此，而惟言法术，是不知本也。韩非动曰“无为无欲”“去好去恶”，此至善之境也，岂可以一朝企哉？人主不能正身，而欲行术，则徒枉杀忠良而已。

苟以仁义立其本，以法术神其用，其于治术庶几近之矣。

韩非所以为治者，法也；所以持法者，术也；所以行法者，势也；势之所寄，刑、德二柄也。《难势篇》曰："夫尧、舜生而在上位，虽有十桀、纣不能乱者，则势治也；桀、纣亦生而在上位，虽有十尧、舜而亦不能治者，则势乱也。故曰势治者不可乱，势乱者不可治。"《二柄篇》曰："明主之所导治其臣者，二柄而已矣。二柄者，刑德也。何谓刑德？曰：杀戮之谓刑，庆赏之谓德。为人臣者畏诛罚而利庆赏，故人主自用其刑德，则群臣畏其威而归其利矣。"《外储说右》曰："主卖官爵，臣卖知力。"故韩非之视人如物，随其宰割。势位刑赏，百家弗能易也。然而专恃势位刑赏以为治，可以为治乎哉？赏有所不能劝，罚有所不止，赏有所不及，而法有所遗，则穷于术也。凡此皆由本之不固，而希取近功，故秦法虽存，而秦之乱亡固非刑赏之所能息也。

周末诸子各思以其学易天下，鼓舞者甚，而伪托者多，故韩非痛绝之。《忠孝篇》曰："今夫尚贤任智无常，逆道也。"此绝其人也。又曰："故人臣毋称尧、舜之贤，毋誉汤、武之伐，毋言烈士之高，尽力守法，专心于事主者为忠臣。"此绝其术也。韩非言治，颇有得于老子"居其实，不居其华"之意，故曰"正治而已"，曰"寄治乱于法术”，盖当群言淆乱之际，阴用其言，则有补于治；显用其言，则人臣得恃以要主，而伪托者至也。其精神颇有可取，惟其敝短，琴瑟专一，绌百家而一之于法，害又甚矣。使不以名号相召，而惟实事求是，耳目口鼻兼用而不使兼摄，主操其券，臣献其功，不犹愈于此耶？故韩非之术多一时兼并之权，而未皇久远之策也。

耕　战

耕战，有国者之所贵，然而非一于耕战而息众技也。自商君以之强秦，遂为法家唯一之政策，韩非之言，因于商君者也。

《五蠹篇》曰："然则为匹夫计者，莫如修行义而习文学。行义修则见信，见信则受事；文学习则为明师，为明师则显荣。此匹夫之美也。然则无功而受事，无爵而显荣，为有政如此，则国必乱，主必危矣。故不相容之事，不两立也。斩敌者受赏，而高慈惠之行；拔城者受爵禄，而信廉爱之说；坚甲利兵以备难，而美荐绅之饰；富国以农，距敌以卒，而贵文学之士；废敬上畏法之民，而养游侠私剑之属。举行如此，治强不可得也。"《显学篇》曰："今商官技艺之士亦不垦而食，是地不垦，与磐石一贯也。儒侠无军劳，而显荣者，则民不使，与象人同事也。"其意期于一民于耕战而已，故外此皆为无用。

《五蠹篇》曰："故举先王言仁义者盈廷，而政不免于乱；行身者竞于高，而不合于功。故智士退处岩穴，归禄而不受，而兵不免于弱，政不免于乱，此其故何也？民之所誉，上之所礼，乱国之术也。今境内之民皆言治，藏管、商之法者家有之，而国愈贫，言耕者愈众，执耒者寡也；境内皆言兵，藏孙、吴之书者家有之，而兵愈弱，言战者多，被甲者少也。"此盖不明于其师"农工于农，而不可以为农师"之理耳。文学之士，可少而不可绝也。仁义修行，国之宝也，复何害于耕战。以仁义修行之士耕，则勤力而奉上；以仁义修行之士战，则杀身以卫国。彼夫以仁义修行之名而坐收显荣者，岂仁义修行之士哉？辨而去之可也，以伪而绝真不可也。

《定法篇》曰："商君之法曰：'斩一首者爵一级，欲为官者为五十石之官；斩二首者爵二级，欲为官者为百石之官。'官爵之迁，与斩首之功相称也。今有法曰：'斩首者，令为医匠。'则屋不成而病不已。夫匠手巧也，而医者齐药也，而以斩首之功为之，则不当其能。今治官者，智能也；今斩首者，勇力之所加也。以勇力之所加，而治智能之官，是以斩首之功为医匠也。"是一于耕战之弊，韩非未尝不知，特以危弱之韩，而欲致近功，乃出于斯道。故以为韩非之言，多有可取，方之于药，则救急之良药，而非可常服之药也。后儒尊之绌之，多嫌失实，鲜足称焉。

图书在版编目（CIP）数据

诸子概论 / 李源澄著．—北京：北京理工大学出版社，2020.5
（古典·哲学时代 / 马东峰主编）
ISBN 978-7-5682-8246-8

Ⅰ．①诸… Ⅱ．①李… Ⅲ．①先秦哲学－研究 Ⅳ．① B220.5

中国版本图书馆 CIP 数据核字（2020）第 042690 号

出版发行 / 北京理工大学出版社有限责任公司
社　　址 / 北京市海淀区中关村南大街 5 号
邮　　编 / 100081
电　　话 /（010）68914775（总编室）
（010）82562903（教材售后服务热线）
（010）68948351（其他图书服务热线）
网　　址 / http://www.bitpress.com.cn
经　　销 / 全国各地新华书店
印　　刷 / 保定市中画美凯印刷有限公司
开　　本 / 787 毫米 ×1092 毫米　1/32
印　　张 / 5.75
版　　次 / 2020 年 5 月第 1 版　2020 年 5 月第 1 次印刷
字　　数 / 101 千字
定　　价 / 28.00 元

责任编辑 / 朱　喜
文案编辑 / 朱　喜
责任校对 / 顾学云
责任印制 / 王美丽

图书出现印装质量问题，请拨打售后服务热线，本社负责调换